CB142918

Perspectivas macroeconômicas

Confira as publicações da Coleção FGV de Bolso no fim deste volume.

FGV
EDITORA

FGV de Bolso 20
Série Economia & Gestão

Perspectivas macroeconômicas

Para entender a economia hoje

Paulo Gala

Copyright © 2011 Editora FGV

1ª edição — 2011

Impresso no Brasil | *Printed in Brazil*

Todos os direitos reservados à EDITORA FGV. A reprodução não autorizada desta publicação, no todo ou em parte, constitui violação do copyright (Lei nº 9.610/98).

Os conceitos emitidos neste livro são de inteira responsabilidade do autor.

COORDENADORES DA COLEÇÃO: Marieta de Moraes Ferreira e Renato Franco
PREPARAÇÃO DE ORIGINAIS: Luiz Alberto Monjardim
REVISÃO: Fatima Caroni, Marco Antônio Corrêa, Andréa Bivar
DIAGRAMAÇÃO, PROJETO GRÁFICO E CAPA: dudesign

Ficha catalográfica elaborada pela Biblioteca Mario Henrique Simonsen/FGV

Gala, Paulo
Perspectivas macroeconômicas / Paulo Gala. – Rio de Janeiro : Editora FGV, 2011
134 p. (Série Economia & Gestão)

Inclui bibliografia.
ISBN: 978-85-225-0937-9

1. Brasil – Política econômica. 2. Desenvolvimento econômico. 3. Taxas de câmbio. 4. Taxas de juros 5. Ações (Finanças) 6. Crise econômica. I. Fundação Getulio Vargas. II. Título. III. Série.

CDD – 338.981

Editora FGV
Rua Jornalista Orlando Dantas, 37
22231-010 | Rio de Janeiro, RJ | Brasil
Tels.: 0800-021-7777 | 21-3799-4427
Fax: 21-3799-4430
editora@fgv.br | pedidoseditora@fgv.br
www.fgv.br/editora

Dedico este livro aos
meus sócios na casa
EMPIRICUS de investimentos.

Sumário

Capítulo 1

Crescimento e desenvolvimento

Três ciclos de crescimento no Brasil

A história recente da economia brasileira se caracteriza por dois longos e grandes ciclos de crescimento econômico. A fase de Getúlio, que vai de 1930 a 1950, e a fase de JK e dos militares, que engloba o período 1955-1980. A figura 1 destaca esses dois ciclos longos e aponta para o que poderá ser nosso terceiro grande ciclo de prosperidade. A primeira grande arrancada brasileira vai da depressão de 1929 até o final do plano de metas de JK. Graças à forte desvalorização cambial e à mudança do eixo dinâmico do país da agricultura para a indústria, o Brasil foi um dos primeiros a sair da recessão causada pela crise de 1929. As políticas getulistas somadas ao plano de metas criaram o maior período de crescimento da história do país: quase 30 anos. Petrobras, CSN, BNDES e tantos outros marcos do Brasil foram criados nessa fase. O plano de metas de JK lançou as bases de infraestrutura rodoviária, ferroviária e energética que usamos até hoje. A construção de Brasília iniciou a integração da região central do país com o arco litorâneo das cidades da época colonial. A exploração do planalto central e hoje nossa agricultura de ponta no Centro-Oeste se devem a esses passos ousados dados nessa época. É claro que foi um período de excessos, com endividamento público, emissão monetária inflacionária e desequilíbrios internos e externos. A crise do início dos anos 1960 foi em parte fruto dessa ousadia, um ajustamento necessário que durou quase meia década.

A partir de 1968 o país reencontra a rota do crescimento que vai até 1980. As importantes reformas institucionais da década de 1960 (modernização da lei trabalhista, reforma do sistema financeiro, criação da correção monetária e do SFH etc.) lançam as bases para o crescimento do país nas próximas décadas. A competente gestão do jovem ministro Delfim Neto na economia resulta em taxas recordes de crescimento no período do "milagre" (1968-1973). As exportações crescem a um ritmo explosivo, o crédito se amplia fortemente, as manufaturas brasileiras começam a conquistar mercados no mundo. Após o primeiro choque do petróleo, os militares lançam o II PND, que logra ainda produzir crescimento num período de instabilidade. Itaipu, rodovia dos Bandeirantes, polos petroquímicos: obras todas dessa época. Os desequilíbrios causados pelo II PND foram ainda maiores do que na era pós-JK. Grande parte dos investimentos foi apoiada em estatais com dívida externa. Pagamos a conta nos anos 1980. O segundo choque do petróleo e o aumento de juros da era Volcker deixaram o Brasil de joelhos. Passamos toda a década de 1980 pagando os custos desse ajustamento. Nosso processo de transição política foi complexo e acompanhado de um longuíssimo período de instabilidade econômica. Inflação alta, pacotes, congelamentos, Estado falido, dívida externa fora do controle... o Brasil dos anos 1980.

Na década de 1990 iniciamos uma nova transição econômica. A abertura da economia, o controle da inflação, a privatização, uma melhora fiscal e novos marcos regulatórios preparam o país para um novo ciclo de crescimento. O período que vai de 1990 até 1999 ficará na história como uma grande fase de ajustamento com crescimento baixo, mas com importantes reformas institucionais da economia brasileira. O paralelo aqui com os anos 1960 é evidente. E finalmente voltamos a crescer no início dos anos 2000. Como mostra a figura 1, parece que estamos entrando no terceiro grande ciclo de crescimento da economia brasileira. Rodoanel, ferroanel, duplicação da Imigrantes e Belo Monte serão todas obras dessa nova fase. Olimpíadas, Copa do mundo, mercado de massas, construção civil de vento em popa? Não teremos um novo milagre, mas o crescimento está voltando para as terras brasileiras. E você, onde estará posicionado para essa nova onda de progresso em Pindorama?

Figura 1 - Renda *per capita* – Brasil, 1900-2008 (valores em reais de 2008)

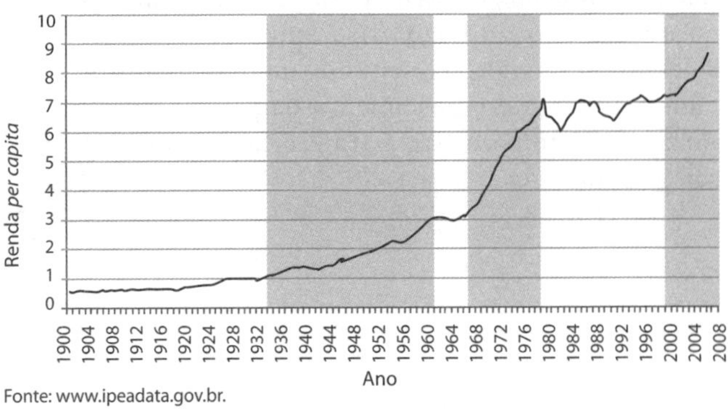

Fonte: www.ipeadata.gov.br.

Voo de galinha?

A figura 2 mostra a evoulução do PIB brasileiro acumulado em quatro trimestres no final de 2009, logo depois da grande crise mundial de 2008. Desde o início dos anos 1990 a economia brasileira não consegue deslanchar para um ritmo de crescimento estável e permanente. A figura mostra, entretanto, que depois de 2002 atingimos a maior sequência de crescimentos trimestrais desde os anos 1980. As desacelerações de 1996 e 1998 se deveram às crises mexicana, asiática e russa, somadas à nossa fragilidade cambial. Em 2002 tivemos uma grande crise associada à transição política. Pela primeira vez a esquerda assumiu o poder no país. A partir de 2003, a economia começa a se acelerar para não mais cair de um crescimento acumulado abaixo de 1,1% em quatro trimestres. A grande crise de 2008 derrubou nosso crescimento, como sabemos. O crescimento do PIB acumulado caiu de 6,6% para -1%, uma queda brutal. Os dados do final de 2009 mostraram um crescimento de 2% na margem (contra o trimestre imediatamente anterior) e queda de 0,22% no acumulado no ano. Para um ano de forte crise mundial, está bom! Em 2010, crescemos 7,5% e, segundo muitas análises, teremos um belo ciclo de crescimento daqui por diante, deixando finalmente para trás a trajetória de *stop and go* de voo de galinha.

Figura 2 - PIB a preços de mercado – taxa (%) acumulada em quatro trimestres

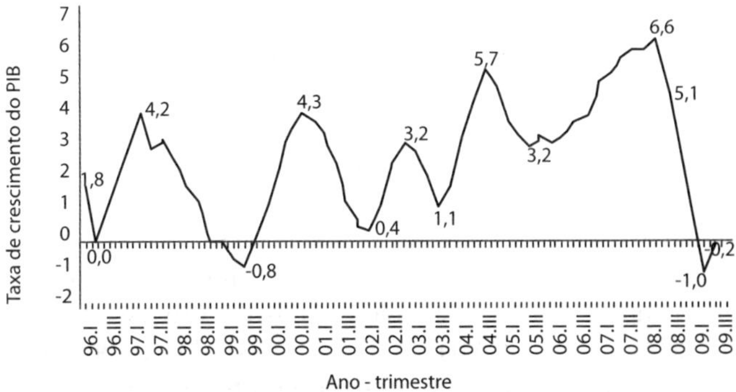

Fonte: Instituto Brasileiro de Geografia e Estatística (www.ibge.gov.br).

De fato, o Brasil vive hoje o seu melhor momento econômico dos últimos 30 anos. Com a migração para um regime de câmbio flutuante, a melhora nas contas públicas e a limpeza de nosso passivo externo, voltamos a observar um ciclo de crescimento com início em 2003 que já dura aproximadamente sete anos. Nosso primeiro arranque no século XX começa nos anos 1930 e termina no final dos anos 1950, tendo durado por volta de 25 anos. O segundo arranque, que vai do final dos anos 1960 até o final dos anos 1970, dura quase 14 anos. Se de fato estamos entrando no terceiro grande ciclo de crescimento da economia brasileira, podemos esperar pelo menos mais uma década de taxas na casa dos 5%. Nossos indicadores macro estão no melhor patamar da história recente: nível de reservas, relação dívida/PIB, relação dívida externa/exportações, inflação sob controle, queda do juro real, aumento da relação crédito/PIB, redução do desemprego, aumento do salário real, mercado doméstico aquecido.

Nosso desemprego está nos menores níveis dos últimos 30 anos, e a criação de vagas formais atinge recordes históricos. O número de trabalhadores com vínculo formal na economia aumentou em mais de 10% nos últimos anos e as contribuições para a previdência têm também aumentado muito. O mercado de trabalho brasileiro está de fato aquecido, e os setores ligados à produção de bens de consumo para a população de baixa e média rendas se beneficiarão bastante. Nosso crescimento será puxado pelo motor interno. As transformações recentes em nosso mercado de trabalho são, na verdade, fruto de um processo estrutural mais profundo e importante. Estamos agora colhendo os benefícios da transição demográfica feita nos anos 1970 e início da década de 1980. Pela primeira vez na história do país o número de jovens que chega ao mercado de trabalho está diminuindo. O número absoluto de jovens brasileiros (entre 15 e 24 anos) caiu de 35 milhões, em 2005, para 33,9 milhões em 2009.

Essa redução de oferta de trabalho relativa fará com que os salários reais passem a aumentar de forma consistente daqui para a frente. No jargão dos economistas, parece que estamos passando do ponto de inflexão do modelo de Lewis, situação na qual os salários reais sobem, pois a mão de obra excedente começa a desaparecer. Se isto de fato se confirmar será uma notícia fantástica para o país, pois finalmente teremos um verdadeiro mercado de consumo de massas. A ascensão da classe C, que hoje já é 50% da população, está intimamente ligada a esse processo. O crescimento dos *shoppings centers*, a construção civil para a baixa renda, a explosão de venda de eletrodomésticos são todos exemplos desse fenômeno. Nessa esteira, nosso mercado de capitais também se beneficiará, obviamente. Empresas ligadas à infraestrutura, à logística, ao consumo etc. apresentarão crescimento explosivo. Alguns trabalhos já comparam o Brasil de hoje com os EUA dos anos 1950. Tudo leva a crer que poderemos ter anos dourados pela frente, se a crise lá fora contribuir. Será que agora vai?

Para entender o desenvolvimentismo

As ideias desenvolvimentistas parecem ter recuperado no país o espaço perdido nos anos 1990. Pelo menos do ponto de vista do perfil ideológico da nova presidente. Mas, afinal de contas, o que pensam esses desenvolvimentistas? Um bom ponto de partida para entender esse tipo de pensamento é a comparação com os chamados monetaristas. Para estes, a meta principal é o controle da inflação. Se esta estiver baixa e estável, e respeitando-se contratos e instituições, o desenvolvimento virá por gravidade. Para os desenvolvimentistas, a inflação sob controle é apenas um dos diversos requisitos para o crescimento e o desenvolvimento econômicos. A preocupação maior deles é o próprio desenvolvimento econômico, e não os meios para tal, como o controle da inflação. Dito de outra maneira, existem vários casos de países estagnados com inflação controlada. Não basta domar o dragão da inflação para se tornar um país rico. Mas, então, o que produz, para esses economistas, o tal desenvolvimento? Em algumas palavras: a capacidade local de utilização, geração e produção de tecnologias.

Um alto nível de produção *per capita* (produtividade) só pode ser atingido a partir da sofisticação do tecido produtivo de uma economia. E isso, para um economista desenvolvimentista, não ocorre naturalmente devido à enorme competição existente no mercado mundial. Os *first movers* de países ricos têm vantagens gigantescas sobre seus concorrentes em países pobres e em desenvolvimento no que diz respeito a domínio de mercados, propriedades de tecnologias, escala de produção etc. Aliás, por isso mesmo são ricos, enquanto os outros são pobres! Faz lembrar um discurso de Bush quando da aprovação da zona de livre-comércio dos EUA com a América Central, o chamado Cafta (nos moldes no Nafta). Dizia ele que, agora, com as tarifas reduzidas, finalmente as empresas americanas teriam condições de competir de igual para igual com a indústria centro-americana (sic). Claro, imaginem os pobres americanos competindo com a poderosa indústria centro-americana, a liga de megaconglomerados de Nicarágua, Honduras, República Dominicana, Haiti, capitaneados pela *power-house* cubana do nosso saudoso Che! Que covardia, não é, Bush?

O caso é hilário, mas ilustra bem a situação do mundo hoje. Países riquíssimos tentando penetrar ainda em alguns poucos mercados de governos que teimam em construir uma indústria doméstica. Bom, para o desenvolvimentista não existe objetivo maior do que criar uma indústria local competente, capaz de produzir para o mercado mundial com grande excelência tecnológica. Como esses campeões nacionais não surgem naturalmente do dia para a noite, o governo deve ajudar com subsídios, financiamentos etc., até que essa empresa atinja escala e força suficiente para competir no mercado doméstico e mundial. A velha ideia da indústria infante. É claro que não há aqui nenhuma garantia de sucesso, e muitos exemplos ridículos (e de corrupção) estão por aí tanto na história brasileira quanto mundial. (Pró-álcool!? Opa, esse não, porque acabou dando certo...). Muitos dos gigantes asiáticos de hoje surgiram de estratégias desse tipo. De políticas industriais e direcionamento estatal somados a uma competentíssima iniciativa privada, aguerrida e eficiente.

No Brasil temos casos interessantes também de empresas que começaram públicas e depois foram desenvolvidas e ampliadas pela iniciativa privada. O exemplo óbvio aqui é a Embraer, fruto da excelência dos setores público e privado brasileiros. Ou alguém tem dúvida de que uma Embraer teria sido possível sem o ITA, CTA, militares etc.? Somos hoje capazes de fazer aviões, mas não conseguimos produzir carros! No novo governo que se iniciou em 2011 essas ideias estarão em alta.

Adensamento de cadeias produtivas domésticas, conteúdo nacional obrigatório, parceria público-privada e Estado indutor são os termos do momento. E quais empresas nacionais irão se beneficiar desse ímpeto desenvolvimentista do Estado brasileiro a partir do ano que vem? Sem dúvida a indústria como um todo será muito mais bem tratada do que na era liberal (anos 1990). Mas, dada a nossa atual configuração macro, com câmbio sobrevalorizado e déficits em conta-corrente, diria que duas cadeias estarão na crista da onda: construção civil e óleo e gás.

No caso desta última é claríssimo o interesse do atual governo e do próximo em desenvolver capacidades locais de produção. Existe o temor de que o país sofra de "doença holandesa" por conta da descoberta do petróleo no pré-sal. Ou seja, a sobrevalorização cambial induzida pela exportação do novo petróleo poderia matar a indústria doméstica. E como o novo governo pretende se beneficiar do pré-sal, evitando a tal doença? Criando um fundo soberano para evitar a excessiva apreciação da moeda brasileira e investindo pesadamente na indústria de óleo e gás, que representa uma oportunidade única de criação e desenvolvimento de tecnologias locais de produção num setor nobre da economia mundial.

Monetaristas contra desenvolvimentistas

Existem no país hoje, e desde sempre, duas grandes correntes de economistas com visões de mundo bem distintas acerca de desenvolvimento e crescimento. Para o grupo dos ortodoxos ou monetaristas, o desenvolvimento econômico tende a ser um processo natural que depende basicamente de boas políticas internas, tais como: governo parcimonioso que não tribute demais, bom funcionamento da justiça, controle da inflação, educação pública universal de boa qualidade, defesa da concorrência etc. Se essas políticas forem adotadas, o desenvolvimento será apenas uma questão de tempo.

Para o grupo dos desenvolvimentistas ou heterodoxos, o processo de desenvolvimento econômico se dá num contexto de intenso conflito entre nações, especialmente no que diz respeito a domínio de técnicas produtivas e capacidade de inovação. As multinacionais dos países ricos defendem com unhas e dentes seus mercados e tecnologias de produção. Para os economistas desenvolvimentistas, o padrão de especialização produtiva é chave para entender o processo de desenvolvimento econômico. Ser desenvolvido significa dominar tecnologias avançadas de produção e criar capacidades e competências locais. Produzir castanha-de-caju ou *chips* de computador, carros ou sandálias havaianas, bananas ou computadores faz diferença. Ou seja, o processo de desenvolvimento não é setor neutro: depende da composição agricultura, serviços e indústria do PIB, e também do tipo de produto que um país é capaz de produzir. A produtividade da economia deixa de ser algo que depende dos indivíduos, como na visão ortodoxa, e passa a ser algo sistêmico. Trabalhadores inseridos em setores tecnologicamente sofisticados serão produtivos devido às características intrínsecas do setor, e não deles próprios. Por exemplo, uma empregada doméstica que é retreinada para trabalhar numa fábrica tem sua produtividade aumentada enormemente.

Como bem apontam os adeptos dessa vertente, o processo de desenvolvimento se dá num ambiente de competição, e nações ricas lutam para preservar suas vantagens competitivas em relação aos países em desenvolvimento, tornando o processo muito mais desigual e assimétrico. Na conhecida expressão do economista alemão F. List, após atingirem um elevado estágio de desenvolvimento, os países ricos "chutam a escada", tentando impedir que países pobres percorram o mesmo percurso. Para a corrente desenvolvimentista, o papel do Estado no desenvolvimento econômico é, portanto, fundamental – para o bem ou para o mal.

Sobre o investimento em educação e qualificação profissional há também uma comparação interessante entre as duas visões de mundo. Para a visão inspirada em List, aquilo que se produz e como se produz são fatores essenciais para gerar o desenvolvimento econômico. A visão ortodoxa acredita que o desenvolvimento advém essencialmente de boas instituições, de um ambiente macroeconômico estável, o que implica, inclusive, formas não inflacionárias de financiar o esforço do investimento. São essenciais para essa corrente as características intrínsecas do homem, em particular, o grau e a qualidade média da educação. Para a visão desenvolvimentista, as ocupações em si (tipos de vagas de trabalho) são mais importantes do que a qualificação. Se não houver postos de trabalho qualificados, não adianta qualificar a população.

Em relação a controle da inflação e PIB potencial há também divergências interessantes. Para os ortodoxos, o PIB potencial é dado e é exógeno, dependendo de fatores institucionais e de lenta mudança ao longo do tempo. Para os desenvolvimentistas, o PIB potencial tende a ser mais endógeno, ou seja, quanto mais se produz, maior a capacidade de produção. Para esses economistas, a aceleração do crescimento gera ganhos de escala, permitindo produzir mais com custos reduzidos, atrai trabalhadores para atividades formais com maior produtividade, induz as empresas a aumentarem seus investimentos. Ou seja, a produtividade dos trabalhadores e empresas tende a ser mais endógena e depende do nível de atividade econômica.

Previsões para 2020

Em 2020, nosso PIB deverá atingir a bela marca de R$ 5 trilhões a preços de hoje. Para tanto, basta que cresçamos a uma média um pouco superior a 5% ao ano nos próximos 10 anos. Com mais de 200 milhões de habitantes e posição estratégica no globo, estaríamos certamente entre as cinco economias mais importantes do mundo. Como seria um Brasil com PIB de R$ 5 trilhões? Começando pela infraestrutura, em São Paulo, andar de carro, nem pensar. De todo modo, nossa malha metroviária terá sido já dobrada, cobrindo Faria Lima, Berrini, Paulista, além da importante nova linha circular conectando as linhas radiais com o arco das marginais. A zona leste inteira verticalizada em menos de uma década: quanto lucro para o setor imobiliário! Guarulhos estará a 20 minutos de trem expresso, e a conexão com Congonhas será um pulo de 15 minutos com metrô de superfície. O rodoanel e o ferroanel estarão prontos, aliviando fortemente o pesado trânsito das arborizadas marginais. Aliás, para quem quiser morar no interior, o trem-bala conectará Viracopos, o maior aeroporto da América Latina, com São Paulo e o Rio de Janeiro. Ou seja, você poderá morar em Vinhedo e chegar no centro financeiro de São Paulo em 30 minutos sem nenhum trânsito! Cigarras pela manhã e grilos à noite sem longas esperas no eixo Anhanguera-Bandeirantes, quem diria...

E o Rio de janeiro? A revitalização da baía da Guanabara terá criado uma espetacular avenida beira-mar, com bares, restaurantes, bulevares, bem ali onde d. Pedro II caiu no baile da ilha Fiscal. A beleza do revigoramento de toda essa região só será atrapalhada pela vista das inúmeras e imponentes plataformas de exploração do pré-sal, construídas mais adiante, nos estaleiros de Niterói. Seremos já nessa época um dos mais importantes *players* na indústria de exploração de petróleo em águas superprofundas, tudo com tecnologia nacional. Favelas, nem pensar. Tendo construído as 5 milhões de moradias faltantes, nosso déficit habitacional terá sido finalmente fechado. A despoluição da lagoa estará concluída graças às Olimpíadas, e teremos o Maracanã novinho em folha. O Rio voltará a ser uma das cidades mais bonitas do mundo. A forte elevação dos salários decorrente do esgotamento de mão de obra ociosa no país criará uma vigorosa classe C, deixando para trás os tempos de favelas, tráfico e crime.

O espaço aéreo brasileiro ficará tão congestionado quanto o trânsito em São Paulo, devido ao enorme fluxo de pessoas cruzando as distâncias continentais entre nossas capitais de estado. O Nordeste finalmente se desenvolverá, tendo por base uma forte indústria exportadora, aproveitando as vantagens daquela curva no Atlântico, integrando o mercado interno com tecnologias agrícolas e de pecuária de ponta. A conexão final entre o planalto central e os polos litorâneos finalmente estará pronta a partir de um novo feixe de rodovias e ferrovias com ponto focal em Brasília. Teremos novas e importantes conexões com o Pacífico por hidrovias, ferrovias e rodovias, abrindo de vez o mercado asiático para nossas competitivas manufaturas e produtos agrícolas. A Amazônia finalmente conseguirá sediar uma potente indústria química e farmacêutica doméstica baseada no conhecimento dos produtos da floresta. A integração com o Centro-Oeste trará também grande impulso para a região. E o Sul, que já era rico, ficará ainda mais, surfando a enorme onda de prosperidade do Sudeste. Sonhar é preciso!

Pleno emprego

Numa definição simples de pleno emprego, todas as pessoas que querem trabalhar recebendo o salário vigente encontram oportunidade. Associada ao pleno emprego está a plena capacidade de produção de uma economia ou produto potencial: o máximo que um sistema econômico é capaz de produzir num dado momento do tempo utilizando a plenitude de seus fatores de produção (trabalho, terras, máquinas, equipamentos etc.). Apesar de imprecisos, são conceitos bastante úteis para se entender o que ocorre hoje no Brasil e no mundo. Por aqui estamos praticamente no pleno emprego, e por lá a coisa está feia.

O caso brasileiro ilustra bem o conceito. Vínhamos de 10 anos de estagnação e agora estamos bombando. Repararam a diferença? Não há vagas livres em Congonhas, nos dois estacionamentos, muito menos táxis. Se você tiver sorte de encontrar um piloto para levá-lo de um lado a outro desse Brasilzão ficará certamente horas na fila do táxi. Guarulhos, então, nem se fala. Todos os estacionamentos num raio de

5 km abarrotados. E hotéis? Já tentou reservar um hotel em São Paulo, Rio ou Belo Horizonte recentemente? Tudo lotado até janeiro. *Shoppings*, cinemas, trânsito! E os restaurantes!? Fila, fila, fila. Tente comprar um produto coqueluche de final de ano, do tipo iPhone, *no way*! Bem-vindo ao pleno emprego!

Os dados do PIB no Brasil em 2010 mostram isso claramente. As importações crescendo a 40% ao ano para tentar atender essa horda de consumidores. A demanda agregada cresce três vezes mais rápido do que nossa capacidade de produção! Nossa indústria não dá conta de produzir e dá-lhe importados. Enquanto isso, nos EUA e na Europa, tudo vazio... Desemprego a 10%, produção e demanda anêmicos, preços dos imóveis caindo, o oposto do que ocorre por aqui.

A questão intrigante para os economistas é saber por que ocorrem essas grandes oscilações no nível de demanda e produção agregadas de um país, e se existem mecanismos automáticos capazes de recolocar uma economia na rota do crescimento e do pleno emprego. Para os economistas keynesianos, não. Para os neoclássicos ortodoxos, sim!

Uma das grandes contribuições do velho mestre Keynes foi mostrar que, em geral, as economias são incapazes de retomar automaticamente a situação de pleno emprego. Ou, então, quando aceleram, acabam acelerando demais! Daí a necessidade de o governo tentar temperar o ciclo econômico. Nas recessões, a queda geral dos preços e do emprego só agrava a crise, jogando a economia cada vez mais para o buraco. Nesses casos, para um economista keynesiano, o governo deve entrar gastando, especialmente investindo, para tentar reativar o tecido econômico.

Nas fases de *boom*, o governo precisa tentar pisar no freio. Retirar um pouco da bebida no auge da festa para atenuar a ressaca depois. Os "agentes econômicos" se embriagam e fazem loucuras! E o governo fica correndo atrás. Se a festa está morna, tenta de tudo para animá-la! Se está fervendo, se vira para tentar acalmar os ânimos! Esse é o tal do comportamento anticíclico sugerido por muitos economistas. A gestão dessas festas não é nada fácil.

Uma Arábia Saudita no Atlântico Sul?

Um dos grandes equívocos dos historiadores brasileiros durante muito tempo foi ter estudado nossa história sem um entendimento global do funcionamento do Atlântico Sul. Como recentemente mostram os gigantes da história brasileira, Fernando Novais e Luís Felipe Alencastro, não dá para entender o Brasil de hoje sem saber como funcionou o complexo sul-atlântico dos séculos XVI e XVII. No coração desse mar existe uma corrente, uma espécie de roldana, que conecta as costas brasileiras e africanas de maneira impressionante. Uma caravela solta no meio do Atlântico tem grande chance de parar em Salvador, se estiver mais ao norte, e em Luanda, se estiver mais ao sul. Imagine uma engrenagem girando em sentido anti-horário no meio do Atlântico Sul. É assim que funcionam nossas águas por aqui.

Para se ter uma ideia do que estou tentando dizer, no início dos anos 1600, Angola era muito mais próxima do Brasil do que o Pará! Para ir do Ceará até Salvador era mais rápido pegar um navio até Lisboa e depois voltar! Como assim?!! Na época, o transporte mais rápido e relevante era por mar, e não por terra. As rotas de navegação eram fundamentais. Os navios faziam todo o serviço. E as correntes mandavam. Não havia carro, trem ou avião. A África era mais próxima do Brasil do que o norte-nordeste do próprio Brasil. A partir de Fernando de Noronha, as correntes costeiras brasileiras se bifurcam. Uma sobe, e a outra desce. A que desce se integra na engrenagem sul-atlântica, dá a volta lá embaixo e vai parar em Angola. E de Angola sobe e volta para a Bahia.

E por que essa discussão é relevante para o desenvolvimento do Brasil hoje? Primeiro, para dizer que a integração (ainda hoje) de Brasil e África é muito maior do que imaginamos. Algumas evidências maiores são a língua comum ou até o próprio nome da capital de Angola, São Paulo de Luanda. Em 1640, os holandeses invadiram o Nordeste e depois Angola, pois viram que uma economia não funcionava sem a outra. Os escravos africanos eram o oxigênio da economia brasileira. O Atlântico Sul estava totalmente amarrado. E o que deu certo nessa região? Basicamente, o Brasil, que prosperou como um país de fato. O resto, junto com as outras colônias portuguesas, foi para o buraco. A retomada atual de Angola, por exemplo, está impregnada de investimentos brasileiros. Ou seja, nosso papel e potencial no Atlântico Sul são imensos. Como o foram durante vários séculos. O Atlântico Sul é nosso!

E daí? E daí que existe hoje grande chance de encontrarmos uma nova Arábia Saudita de petróleo no nosso mar. A partir das últimas descobertas no pré-sal e em águas rasas, não me assustaria saber que temos algo como 200 bilhões de barris de petróleo por aqui. A OGX do Eike tem 6,7 bilhões de barris riscados, segundo relatório de 2009 da D&M, e estima encontrar a curto prazo algo em torno de mais 5 bilhões de barris. A empresa HRT tem cerca de 5 bilhões de barris riscados, por enquanto, e deve certificar mais 1 bilhão pelo menos em 2011. Mas, segundo nossas análises, se tudo der certo, poderá chegar à casa dos 50 bilhões de barris. Márcio

Melo, dono e CEO da companhia e um dos maiores conhecedores da arte de se achar petróleo no mundo, fez um doutorado na Inglaterra mostrando que o DNA do petróleo da costa brasileira é igual ao DNA do petróleo da costa africana (Namíbia, Angola etc.). Somos também geologicamente conectados. A Petrobras tem uns 30 bilhões de barris, mais ou menos. Mais 5 bilhões foram usados para o aumento de capital do pré-sal. Alguns dizem que o potencial total da bacia de Santos pode chegar a 80 bilhões de barris em águas fundas e rasas. E na virgem costa africana? Que acontecerá com a economia brasileira se tivermos mesmo uma Arábia Saudita no Atlântico Sul?

Capítulo 2

Taxas de câmbio

A velha sobrevalorização do câmbio

No antigo regime do padrão-ouro, sempre que uma moeda ficava muito valorizada, o ajuste deveria ser feito via deflação de preços. Ou seja, a alta cotação da moeda doméstica em relação ao ouro e demais moedas do mundo deveria ser corrigida por uma queda de preços internos (deflação). Essa excessiva valorização da taxa de câmbio reduzia a competitividade das exportações e aumentava muito as importações, criando déficits externos e, eventualmente, saídas de capital. Pelas regras do padrão-ouro, os fluxos de saída de capital significavam uma redução da base monetária que acabava resultando num aumento das taxas de juros locais. Toda essa dinâmica provocava uma recessão com aumento do desemprego e uma queda do nível de preços que poderia corrigir lentamente a taxa de câmbio sobrevalorizada. O problema iniciado no setor externo ia se alastrando e contaminando toda a economia, com redução do produto, renda, emprego etc.

O problema desse tipo de ajustamento, como bem apontou B. Eichengreen, em sua análise dos padrões monetários do século XX, é que o tamanho da crise necessária para o ajustamento do câmbio não era suportado pelos governos. Em outros termos, a explosão do desemprego e a recessão acabavam derrubando o presidente ou primeiro-ministro antes que a redução de preços pudesse corrigir o desajuste do câmbio real. Nesses eventos, o ajustamento acabava vindo por outra via: a desvalorização do câmbio nominal, ou seja, o abandono do padrão-ouro! É incrível como essa história econômica se repetiu ao longo do século XX e está presente até hoje. Alguns casos clássicos foram os anos Churchill, que inspiraram Keynes a escrever o texto "*The economic consequences of Mr. Churchill*", ou ainda a própria sobrevalorização da libra no governo de J. Major até 1992. Em ambos os casos observou-se uma sobrevalorização da moeda inglesa que acabou numa grande desvalorização; no início dos anos 1930 deu-se o abandono final na Inglaterra do padrão-ouro, e, no início dos anos 1990, o abandono do mecanismo monetário europeu conhecido à época como ERM.

Entre nós, um caso bem próximo foi a valorização da moeda brasileira nos anos 1990, que poderia ter dado origem a um trabalho do tipo "Economic consequences of Mr. Gustavo Franco"! Ou, ainda para ficar na América Latina, o caso chileno dos "Chicago *boys*", de 1978 a 1982, além do mais recente e fantástico episódio da conversibilidade argentina em 1990-2000. Em todos esses casos a história se repete. Uma sobrevalorização da moeda começa a causar déficits em conta-corrente, preocupação dos investidores, subida de risco e de juros, estagnação econômica, queda do investimento e aumento do desemprego, até que eventualmente o governo cai, a moeda é desvalorizada, e o problema se resolve.

Hoje, o óbvio problema dos Pigs (Portugal, Itália, Grécia e Espanha), que segue em detalhes o roteiro das consequências econômicas da sobrevalorização da moeda, é que eles não têm moeda para desvalorizar! Nos casos extremos, a desvalorização cambial resolve o problema, pois volta a ativar o sistema econômico. Depois de algum tempo o PIB torna a crescer, puxado por exportações, a renda aumenta, o governo volta a arrecadar, os investidores se acalmam etc. No caso dos Pigs, a crise mundial atrapalhou ainda mais, pois forçou um aumento de gasto público e uma queda de arrecadação, o que abriu um buraco enorme nas contas públicas. E agora esses países têm um grande déficit público e um grande déficit externo, e estão mergulhados numa recessão.

As notícias não são boas para os Pigs. É muito difícil ver uma solução para esse caso sem:

- anos de recessão e deflação capazes de reposicionar os preços em relação ao resto da Europa e do mundo;
- alguma solução mirabolante que reduza preços nesses países imediatamente.

Ajustamentos da taxa de câmbio

A figura 3 mostra a evolução da taxa de câmbio nominal R$/US$ desde o início de 1998. Podemos observar quatro grandes períodos de desvalorização da moeda brasileira: o final do regime, em janeiro de 1999; o ataque de 11 de setembro de 2001; a transição para o governo Lula; e a crise de 2008. A característica mais curiosa dessa trajetória é a assimetria observada nos momentos de depreciação e apreciação, sendo os primeiros caracterizados por saltos e os segundos por quedas lineares. O histograma dos retornos diários também ajuda a ver esse comportamento errático do câmbio. Longe de seguir um padrão normal, os saltos não lineares são a regra. Percebe-se nas caudas da direita e da esquerda que muitas das oscilações diárias estão bem longe de três desvios-padrão. Numa curva normal, 99,7% das observações deveriam encontrar-se a no máximo três desvios-padrão (8,01%) à direita ou à esquerda da média das observações (0,02%). Nessa amostra encontramos 1,86% de observações nesses extremos, ou seis vezes mais do que deveríamos encontrar. Em 3.012 dias de observação, temos 14 eventos em que o câmbio oscila num único dia 15% ou mais, para cima ou para baixo. Ou seja, o ajuste no câmbio é mesmo na pancadaria.

Como sabemos, os episódios de grandes desvalorizações são marcados por *sell-offs*, e daí a natureza descontínua dessa variável. Aliás, comportamento análogo também é observado no mercado acionário, onde as subidas tendem a ser lineares, e quedas, abruptas. No jargão dos economistas, as vendas maciças de ativos financeiros ocorrem devido à chamada fuga para a liquidez, um movimento descontrolado em busca de ativos líquidos capazes de proteger portfólios nos momentos de elevada incerteza, medo e pânico. Já quando a tormenta passa, os investidores voltam paulatinamente a buscar ativos de risco, criando trajetórias mais lineares.

Essas grandes desvalorizações da taxa de câmbio estão também associadas ao que os economistas chamam de *sudden stops*, isto é, paradas súbitas de fluxos de capital que financiam o déficit externo. De repente o dinheiro que vinha para o país deixa de vir! Esses choques estão associados a algum evento extremo que afugenta os investidores. Um calote de algum banco ou estado, algum escândalo financeiro ou até mesmo contágio por problemas em países vizinhos ou parecidos. É claro que o país que passa por um choque desses deve já estar numa situação de endividamento perigosa que suscite o temor dos investidores. Baixos níveis de reservas cambiais, alta dívida externa e déficit em contas-correntes tendem a contribuir para esse fenômeno.

Figura 3 - Evolução da taxa de câmbio nominal R$/US$ desde o início de 1999

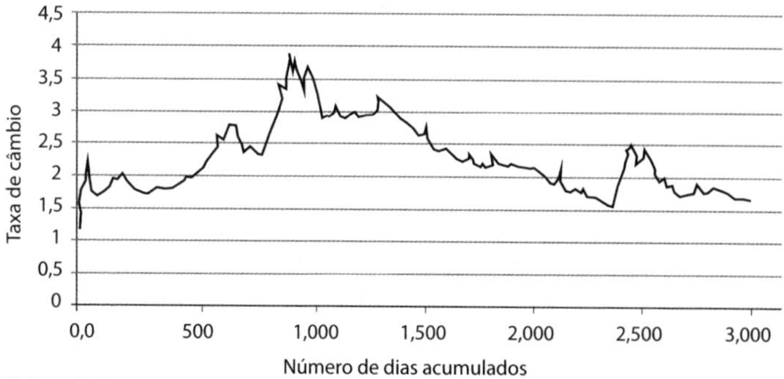

Elaboração do autor.

Figura 4 – Histograma

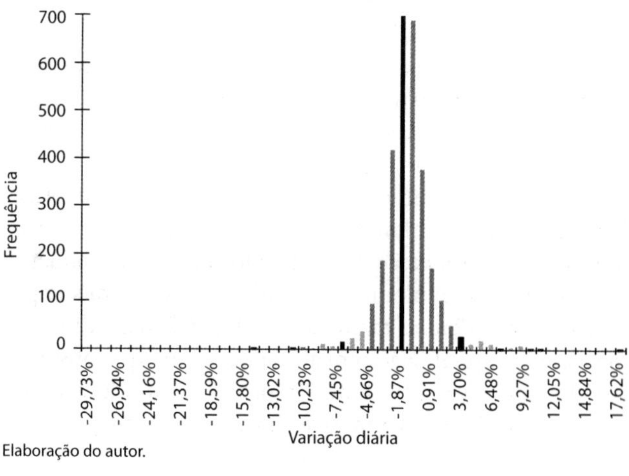

Elaboração do autor.

Câmbio fora do lugar no Brasil

Uma das maneiras interessantes de se medir a sobrevalorização de uma moeda é comparar o preço do Big Mac em dólares no país em questão com o preço do mesmo em dólares no resto do mundo. Teoricamente, uma mesma cesta de produtos deveria ter o mesmo preço ao redor do mundo, especialmente se todos os bens que compõem essa cesta fossem transacionáveis, sujeitos à arbitragem do comércio internacional. Obviamente que não o são, e existem *n* diferenças de preços de custo de mão de obra, de imóveis, impostos etc. entre países, as quais fazem com que o preço desse bem seja relativamente distinto ao redor do globo.

Entretanto, pelo menos intuitivamente, seria de se esperar que em países mais pobres e com rendas *per capita* menores o Big Mac custasse menos, já que salários e aluguéis são relativamente menores. De fato, fazendo uma regressão entre nível de renda *per capita* e preço do Big Mac em dólares, não é difícil perceber essa relação. Países mais pobres têm o Big Mac em dólares mais barato. Ocorre que alguns países apresentam-se de forma anômala nessa questão. Por exemplo, no Brasil, um Big Mac hoje custa R$ 8,75, ou quase US$ 5; o terceiro mais caro do mundo. Nos EUA, custa hoje US$ 3,58. Como os salários e imóveis são muito mais caros em terras americanas, alguma coisa está errada.

O suspeito aqui é o câmbio. A sobrevalorização cambial brasileira desalinha os preços domésticos em termos internacionais e causa fortíssima deterioração da conta-corrente. Eventualmente nosso déficit externo explodirá e o câmbio voltará para sua posição de equilíbrio. Como a mania de Brasil continua, o dinheiro entra pela conta capital. Não será ainda nesse ano que observaremos esse recorrente, intrigante e violento ajuste do câmbio. Talvez para 2012. A figura 5 mostra a evolução do preço do Big

Mac em dólares no Brasil e nos EUA. Repare que eventualmente os preços se cruzam, mostrando que há uma relação de equilíbrio de longo prazo entre os preços nos EUA, no Brasil e a taxa de câmbio. Hoje, em dólar está tudo muito caro no Brasil.

A figura 6 mostra a evolução de nossa taxa de câmbio real que resulta da taxa nominal descontada da inflação em cada ano. Dá para perceber que nos anos 1990 a moeda brasileira valia muito, assim como ocorre hoje. Em 2002 houve uma gigantesca desvalorização do câmbio real por conta dos temores em relação ao governo Lula. Mais recentemente nosso câmbio real voltou a se apreciar bastante. A posição do câmbio real é extremamente importante para uma economia, pois define a competitividade dos produtos domésticos no exterior. Se o câmbio está apreciado, as importações sobem muito, e as importações andam de lado. Os ativos brasileiros também passam a ficar muito caros aos olhos do investidor estrangeiro. A perda de competitividade de nosso setor industrial atrapalha muito no processo de desenvolvimento econômico. O problema é que, como apontam os professores Bresser-Pereira e Yoshiaki Nakano, sem câmbio correto não dá para crescer de forma sustentável, não dá para se desenvolver.

Figura 5 - Preço do Big Mac (em US$)

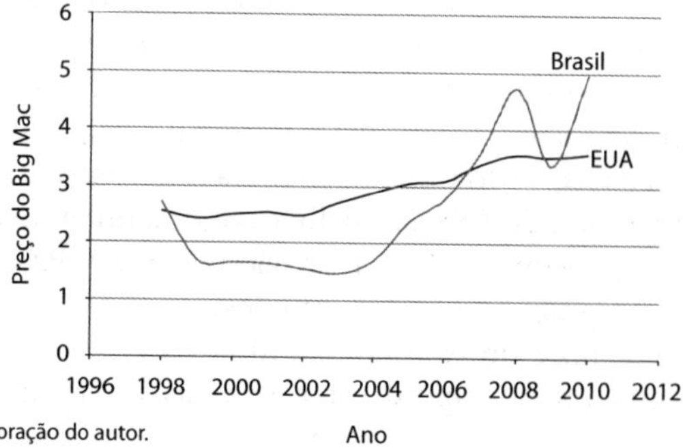

Elaboração do autor.

Figura 6 - Taxa de câmbio real efetiva

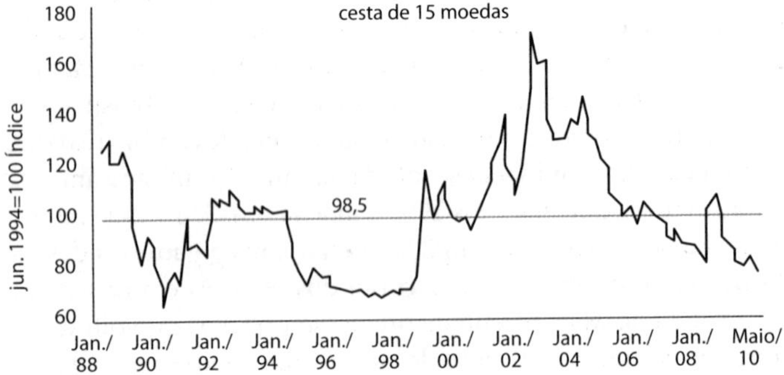

Fonte: Banco Central do Brasil (www.bcb.gov.br).

Política cambial na China

Em time que está ganhando não se mexe. O anúncio da China, em junho de 2010, de que iria flexibilizar seu regime cambial tem causado bastante discussão na mídia. Desde a crise de 2008 a China voltou a fixar sua taxa de câmbio numa posição bastante desvalorizada. O câmbio subvalorizado chinês é parte de uma estratégia que vem dando certo já desde os anos 1980. Ao promover a competitividade de seus produtos, o governo chinês foi capaz de implementar, junto com outras políticas, um enorme *upgrading* na indústria. Esse modelo de crescimento puxado por exportações tem funcionado muito bem, como aliás funcionou no Japão, Coreia do Sul, Taiwan e até mesmo Malásia, Indonésia e Tailândia. No caso chinês, as reservas já passam de US$ 2,5 trilhões, e o volume de exportações já se aproxima de US$ 1 trilhão (em 1980, Brasil e China exportavam num ano US$ 20 bilhões).

Para segurar a taxa de câmbio, a China tem um grande aparato de controles de capital e faz pesadas intervenções no mercado. As transações financeiras com o resto do mundo são fortemente controladas, muitas delas até proibidas. O governo chinês é um comprador voraz dos dólares gerados a partir dos gigantescos superávits na conta-corrente e comercial. Não deixa o câmbio se apreciar de jeito nenhum, como deveria ser num sistema mais pró-mercado. O "abandono" do câmbio fixo agora se deve à enorme pressão sobre o regime. Uma semana após o anúncio, o câmbio chinês variou em apenas 0,5% no sentido de apreciação. Apesar de anunciar que não mais adotará um regime de câmbio fixo, tudo leva a crer que o governo chinês continuará a fazer corpo mole em relação à questão. Para que mudar uma estratégia que faz a China crescer a 10% ao ano e já a colocou no patamar de segunda maior economia do mundo?

Como medir a distorção do câmbio chinês? A figura 7 mostra a evolução do preço do Big Mac no Brasil, EUA e China desde 1997. Durante a maior parte do período, o Big Mac na China ficou na casa do US$ 1,2. Duas explicações a respeito: primeiro, os custos de produção por lá são bem mais baratos mesmo, especialmente mão de obra e imóveis (não *tradables*), o que torna o Big Mac mais barato em comparações internacionais. Mas ainda assim fica clara a política deliberada de manter a moeda competitiva. Segundo o índice Big Mac da revista *The Economist*, em todos os anos, desde 1997, o Big Mac chinês está entre os mais baratos do mundo, ou seja, a China mantém sua moeda muito competitiva, além dos baixos custos de produção local.

O caso brasileiro também é curioso. Começamos a série com o preço do Big Mac acima dos EUA (era Gustavo Franco). Depois da desvalorização de 1999, o Big Mac por aqui fica barato, indicando que nossa moeda está numa posição mais competitiva. Com a volta da apreciação, o preço do Big Mac sobe de maneira forte no Brasil. A partir de 2007, fica mais caro aqui do que nos EUA, apesar dos nossos menores custos de produção em imóveis e mão de obra. Com a crise de 2008 há uma forte desvalorização de nossa moeda, que volta a se apreciar com a recuperação brasileira de 2009. De 2002 até 2007, operamos com superávits em conta-corrente. Com a volta da apreciação e o Big Mac a quase US$ 5 por aqui, os déficits em conta-corrente voltaram com força.

Figura 7 - Preço do Big Mac: Brasil, EUA e China (em US$)

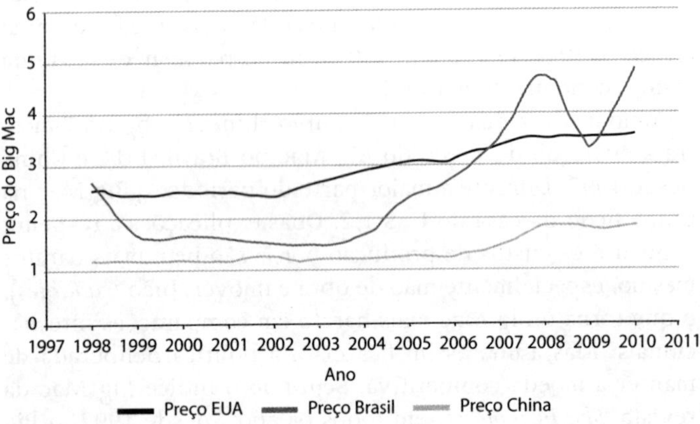

Elaboração do autor.

A penitência da conta-corrente

Desde que comecei a acompanhar o cenário macro brasileiro, nunca vi uma situação tão boa. Em 2010, foram gerados mais de 2 milhões de empregos, o PIB cresceu próximo de 8%, e a inflação está sob controle. O país vai de vento em popa. Entramos no que pode ser a melhor década da história brasileira com o pé direito. Copa do Mundo e Olimpíadas serão a cereja do bolo de uma época inesquecível para o Brasil. Mas, o que pode dar errado? Há motivos para penitência? Tenho me debatido com esse tema recentemente. Quais são as ameaças do ponto de vista macro e quais os verdadeiros riscos que corremos? E, se corremos, quão graves são esses perigos?

O grande risco que se corre hoje é, a meu ver, o aumento do endividamento externo que decorre da ampliação do déficit em conta-corrente. Como mostra a figura 8, teremos já, segundo muitos analistas, um déficit em conta-corrente da ordem de US$ 60 bilhões em 2011, podendo chegar até a 5% do PIB. O problema desse déficit está, como sabemos, na necessidade de financiamento externo para fechar a conta de dólares. Se nosso comércio externo não é capaz de gerar dólares para pagar as contas de rendas, sobra para a conta capital o financiamento do balanço de pagamentos. Ou seja, os fluxos de bolsa, títulos, dívidas e IDE é que trazem os dólares necessários para fechar o *gap* externo.

O problema dessa estratégia é que são dólares emprestados que vêm e não são genuínos, como no caso de uma China, por exemplo. A atração de capitais aumenta nosso passivo externo, ou seja, passamos a dever mais para os gringos. Enquanto eles estão otimistas, o.k., há financiamento farto. Mas, no caso de uma reversão de humor, o estrago é grande, como vimos por aqui em 1999, 2002 e 2008, ou ainda na Argentina, recentemente, para não mencionar o México em 1995 e a Ásia em 1997.

Até onde pode chegar nosso déficit em conta-corrente?

Figura 8 - Transações correntes – acumulado em 12 meses - US$ bilhões

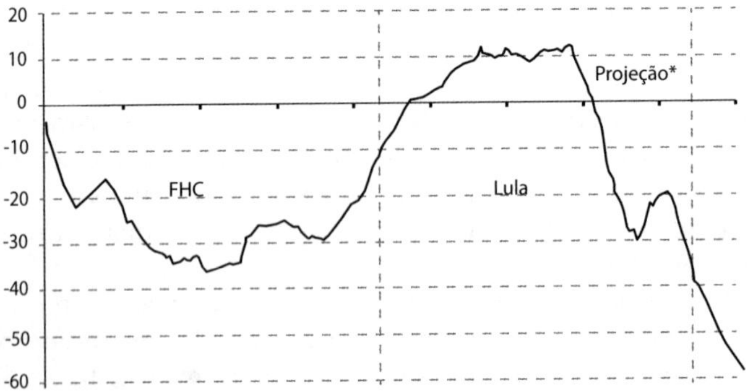

*Projeção: RC Consultores.

As causas principais desse alargamento do déficit são o crescimento vigoroso da economia brasileira e a sobrevalorização cambial. É muito difícil prever com exatidão o que ocorrerá no futuro econômico com essas duas variáveis, mas é certo que no curto prazo o déficit em conta-corrente tende mesmo a piorar. Então, a pergunta a ser respondida é: qual o tamanho de déficit em conta-corrente que a economia brasileira pode suportar, e por quanto tempo?

Em vez de uma resposta exata, segue adiante uma pequena lista de motivos para ficarmos penitentes ou não penitentes com o futuro de nossa conta-corrente e de nossa economia. Ou seja, viver sem culpa e aproveitar o *boom* brasileiro em sua plenitude ou manter um pé-atrás, temendo a vida pós-crise cambial e os excessos cometidos por aqui, no mundo terreno. Acho que essa reflexão de caráter metafísico-religioso pode ajudar na construção dos cenários 2010-2020.

Começemos pelos motivos (além do pré-sal, é claro!!) para não ficarmos penitentes. A figura 9 mostra um resumo do quadro externo brasileiro preparado pelo Ministério da Fazenda recentemente. Nota-se que a situação brasileira em 2010 é anos-luz melhor do que nas crises dos anos 1970, 1980 e 1990. Temos reservas internacionais que equivalem a mais de 13% do PIB, e nossa dívida externa não passa dos 12,1%, melhor marca de todo o período. A própria conta-corrente ainda está hoje em patamares civilizados. No colapso do cruzado, tínhamos uma dívida externa que era quase 50% do PIB! Quando quebramos em 1982, nossas reservas eram praticamente zero! E no choque do petróleo nossa conta-corrente foi quase a 7% do PIB! De fato, por esse prisma estamos bem tranquilos ainda.

Figura 9 - Fragilidade financeira internacional (% do PIB)

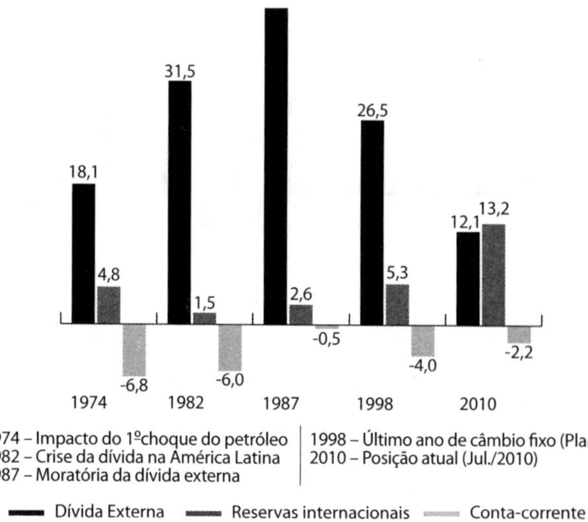

Fonte: Ministério da Fazenda (www.fazenda.gov.br).

Numa comparação internacional, nossa situação também não é má. É fato que os países do Leste asiático (Tailândia, Malásia, Indonésia, Coreia do Sul) quebraram em 1997 com déficits em conta-corrente que variavam entre 5% e 10% do PIB. Mas muitos outros países conseguiram e ainda conseguem carregar déficits grandes sem crises. Nas figuras 10 e 11, também preparadas pelo Ministério da Fazenda, vemos a evolução recente das contas-correntes, IED e crescimento de Índia e África do Sul. Esta última está já há anos apresentando grandes déficits em conta-corrente, e no caso indiano a situação não é diferente. Nenhuma crise cambial por lá, por enquanto! A Austrália é outro bom exemplo de déficits sustentáveis também. *Let's see.*

Figura 10 - Índia

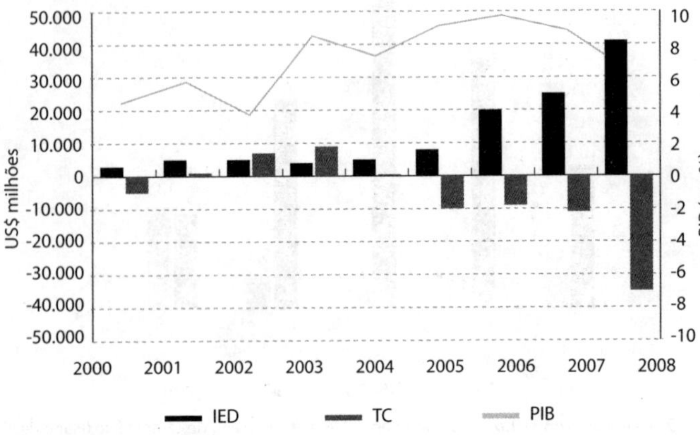

Fonte: Ministério da Fazenda (www.fazenda.gov.br).

Figura 11 - África do Sul

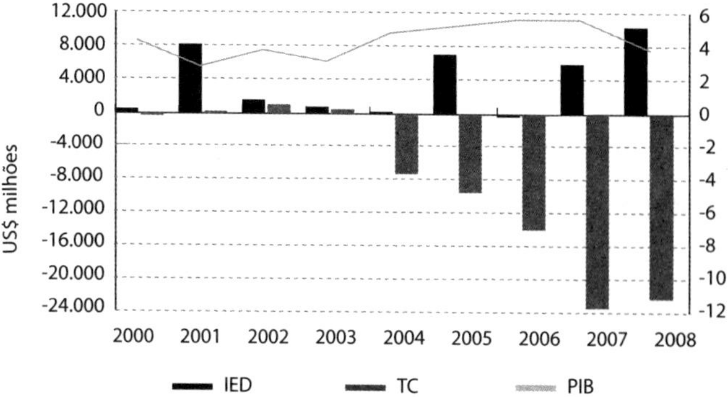

Fonte: Ministério da Fazenda (www.fazenda.gov.br).

Passemos agora aos motivos para a penitência que leva à negação do presente em função de uma vida melhor no futuro. Primeiro, preocupa o elevadíssimo preço das *commodities*. Ou seja, nosso resultado de contas externas é ruim, apesar de um momento ainda muito bom de preços de *commodities* (o grosso de nossas exportações).

Figura 12 - Índice RC de preços de *commodities* em US$ – Jul./2010

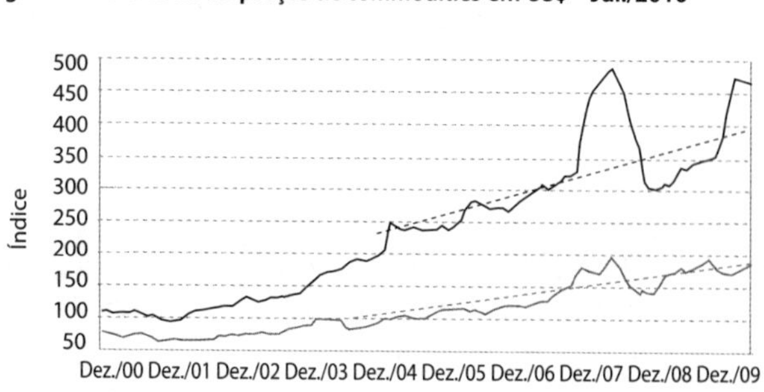

Fonte: RC Consultores (www.rcconsultores.com.br).

Figura 13 - *Commodities*: *spreads* (%) sobre a média do "CRB" index

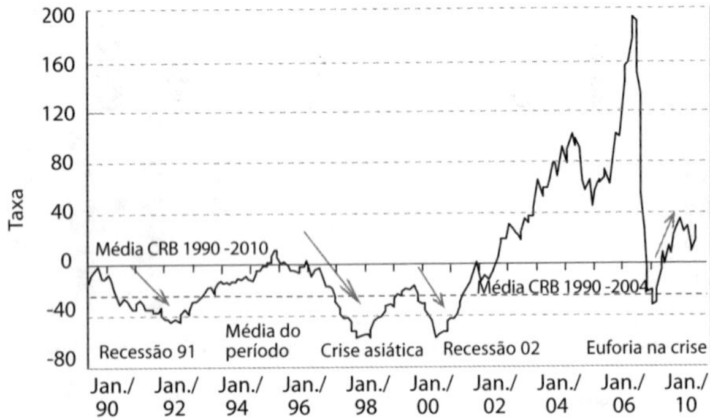

Fonte: RC Consultores (www.rcconsultores.com.br).

E o preço das coisas em dólar no Brasil? Caríssimo! Basta uma corrida de táxi do aeroporto até a Faria Lima, seguida de almoço e café para o gringo perceber que os preços brasileiros estão mesmo malucos! O metro quadrado na Faria Lima em dólar então nem se fala: mais caro do que na Quinta Avenida em Nova York. Se bem que, como apontou meu queridíssimo amigo Marcos Elias, a quantidade de prédios construídos hoje em toda a Faria Lima equivale a apenas um quarteirão da Quinta Avenida! Talvez seja muito mais um problema de falta de oferta do que de câmbio valorizado.

E a Bovespa? Em dólares, está cara! E em reais, dado o novo Brasil que se avizinha, está barata! E essa questão é de suma importância. A figura 14 mostra a impressionante correlação câmbio/bolsa no Brasil. Um espelho! Ou seja, uma crise cambial traria de novo a Bovespa para a lona. Então há motivos para ficar esperto e penitente nesse quesito. Mas ficar de fora do ciclo eufórico que entra no Brasil? *No way*! Que fazer então?

Figura 14- Efeito cambial potencializa elasticidade do Ibovespa em US$

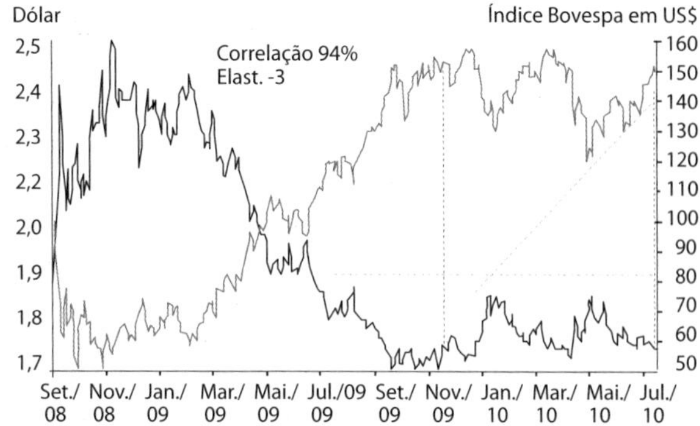

Fonte: RC Consultores (www.rcconsultores.com.br).

Câmbio a R$ 1,30

Um câmbio muito apreciado significa preços de bens transacionáveis muito baixos em reais. Ou seja, preço da soja, ferro, sapato, carro, avião, brinquedos, máquinas, café, milho e assim por diante. Tudo que é vendido no mercado mundial. Significa também que o preço dos não transacionáveis fica muito elevado em termos relativos, especialmente salários em reais e imóveis no Brasil. Como uma economia reage a essa configuração de preços? Produzindo bens não transacionáveis e consumindo bens transacionáveis. Ou seja, as importações aumentam, as exportações caem, o consumo e o investimento residencial aumentam.

Cria-se um desequilíbrio na economia, com baixa produção e alto consumo de bens transacionáveis – leia-se, desequilíbrio externo e falta de dólares. Mas como o otimismo com o Brasil é enorme, os gringos fornecem esses dólares faltantes através da conta capital (IDE, bolsa, títulos e derivativos). O déficit em conta-corrente é financiado com folga pelo superávit da conta capital. Podendo ocorrer inclusive uma situação de deterioração externa com apreciação cambial, na medida em que as perspectivas de investimentos de curto prazo ainda sejam atrativas para o estrangeiro. O câmbio não desliza para corrigir o déficit em conta-corrente...

E assim o processo caminha, com PIB crescendo puxado pelo mercado interno, bolsa e imóveis subindo, e déficit em conta-corrente aumentando. Num primeiro momento, a apreciação cambial começa a atrapalhar a indústria; depois, vai prejudicando a agricultura, até que, finalmente, em níveis críticos, penaliza a própria produção de *commodities*. Claro que, quanto maior for o domínio tecnológico do setor em questão, menor a dependência do câmbio. Turbinas de avião, *chips* de computador e química fina são setores com consideráveis vantagens de monopólio que conseguem se defender bem. Os que não conseguem, paciência, ficam pelo caminho. Qual o limite de uma dinâmica desse tipo? A capacidade de endividamento das unidades econômicas individuais e do país como um todo em termos externos. Quando os estrangeiros não quiserem mais financiar esse desequilíbrio no mercado de bens transacionáveis, o câmbio tem que fazer o ajuste. Ou seja, vem aquela boa e velha conhecida megadesvalorização!

Guerra cambial

O presidente do Banco Mundial, Robert Zoellick, surpreendeu o mundo com a bizarra proposta de retorno a uma espécie de padrão-ouro no sistema financeiro mundial. Para entender a ideia e a atual situação de guerra de moedas no mundo, vale a pena voar rapidamente pela história do sistema financeiro internacional no século XX. Entramos 1900 com o padrão libra-ouro, onde basicamente os países aderentes só podiam imprimir base monetária contra lastro em ouro. País tem *x* de ouro, usa um câmbio fixo e emite o equivalente em moeda local. Se entram capitais, o governo emite mais, e a base se expande. Se há fuga de capitais, ocorre o inverso. A vantagem de um sistema como esses (que a perdida Argentina tentou usar nos anos 1990!) é que há uma âncora para a emissão monetária. Um governo sob o padrão-ouro não pode emitir o quanto quiser. Bom, assim foi o mundo até a I Guerra Mundial...

Com a necessidade de financiamento para a corrida armamentista, os governos apelaram para a emissão monetária, e o padrão-ouro caiu por terra. Cada um emitia agora o quanto quisesse, e começou uma guerra cambial! (1920 até 1930). A Inglaterra tenta restabelecer o padrão libra-ouro no final da I Guerra, achando que com isso recuperaria sua reputação no mundo. Já estava arrasada pela guerra, e Churchill cometeu uma de suas maiores barbeiragens ao tentar fixar a paridade da libra com o ouro no valor pré-guerra. Provocou uma sobrevalorização monumental da libra que estagnou a Inglaterra por anos. *The economic consequences of Mister Churchill!* Bom, os EUA, espertinhos, desvalorizaram sua moeda em 1934 e assim se mantiveram durante muito tempo (tipo a China hoje...). Depois da II Guerra, o mundo resolveu tentar organizar a casa e se reuniu na estação de esqui de Bretton Woods.

Criaram o Banco Mundial e o FMI. Nascia o chamado padrão Bretton Woods, que duraria até 1971. Nesse novo esquema, padrão dólar-ouro, todas as moedas estavam atreladas ao dólar, que por sua vez tinha uma cotação fixa com o ouro.

Os regimes cambiais eram primordialmente fixos, em contraposição ao que se observou no entreguerras. As desvalorizações só eram permitidas em casos de "desequilíbrios fundamentais", nos termos do FMI. Ninguém sabia bem como conceituar isso direito, e o fato é que raramente permitiam-se desvalorizações. E o sistema funcionou muito bem até 1971, quando De Gaulle pediu seu equivalente em ouro das reservas em dólar. Bom, os americanos olharam o porão do forte Knox e viram que tinha muito pouco ouro lá! Bem menos do que eles tinham emitido de dólares nos últimos anos! Afff! O padrão dólar-ouro não estava sendo seguido, e os crescentes déficits em conta-corrente dos EUA minavam a credibilidade do sistema e do dólar. Em 1971, desandou tudo.

Desde então o mundo migrou para o chamado padrão dólar flexível, que dura até hoje. Basicamente, cada um por si e Deus por todos! Cada país imprime o quanto quiser de moeda e se vira com efeitos inflacionários, juros, câmbio etc. Não há uma coordenação formal. É um mundo de zona monetária. O mundo emergente ainda resistiu um pouco até o final dos anos 1980 e início dos 1990, mas, com a abertura financeira, migraram todos (exceto a China) para um regime de câmbio flutuante sujo e liberdade de fluxo de capitais. Então dá para dividir o século XX em quatro blocos: padrão ouro-libra até 1914; desvalorizações competitivas até 1944; Bretton Woods até 1971; e, até hoje, salve-se quem puder.

E a briga dos EUA com a China hoje? Repete o que ocorreu nos anos 1980 com o Japão. Naquela época, os produtos japoneses estavam muito baratos devido ao iene subvalorizado. Em 1985, os EUA forçaram o Japão a valorizar sua moeda, no que ficou conhecido depois como "acordos" do Plaza. E o Japão se deu mal, pois reduziu juros para estimular a demanda interna de modo a compensar a queda de exportações. E fizeram uma bolha imobiliária que estourou! E pagam por isso até hoje. Os chinocas não querem repetir a dose e não mexem no câmbio de jeito nenhum. E a tensão se agrava. Com a crise americana, o FED não para de imprimir dólares. A dinheirama vaza para o resto do mundo e aprecia a moeda dos incautos. E assim funciona o sistema que é um não sistema. Onde vai parar tudo isso? Será mesmo melhor voltar ao padrão-ouro? Será que há ouro suficiente no planeta?

Capítulo 3

Juros e moeda

Breve histórico da taxa de juros real no Brasil

A figura 15 mostra a evolução de nossa taxa de juros desde o início do Plano Real. O período de 1996-1999 exibe a maior média do período. Começamos o Plano Real com Selic acima de 50% ao ano para conter o excesso de aquecimento da economia no contexto do plano de estabilização. As crises asiática e russa obrigaram o BC a colocar o juro real em mais de 30% ao ano para segurar o regime de câmbio fixo. Naquela época, o Copom era para definir juro às pressas para salvar o regime cambial. A mudanca para o câmbio flutuante, em 13 de janeiro de 1999, inaugurou uma fase de redução paulatina das taxas reais. A fase de transição para o governo Lula teve ainda um relativo estresse, com câmbio indo a R$ 4 no final de 2002. É possível observar na figura 15 uma nova subida de juros reais no início de 2003, para controlar os efeitos inflacionários da desvalorização cambial. No final de 2002, entretanto, houve uma demora do BC em subir a taxa básica por conta do processo eleitoral, o que fez o juro real cair para menos de 15%.

Segundo o chamado trilema da macroeconomia aberta, o governo só pode escolher duas de três opções: abrir a conta capital; fixar a taxa de câmbio; ter autonomia na política monetária. Se a conta capital está aberta, e o governo sobe os juros, tudo o mais constante, o câmbio se aprecia. Se os juros caem, o câmbio se desvaloriza. Ou seja, o manejo dos juros impede a fixação do câmbio. Como afirma a paridade câmbio/juros, há uma relação direta entre juros e câmbio num regime de conta capital aberta. Se um governo opta por utilizar os juros para atingir metas de inflação, acaba abrindo mão de controlar o câmbio também num regime de conta capital aberta. É o caso brasileiro desde o início dos anos 2000. A única brecha aqui é tentar evitar maiores apreciações, mesmo com o juro alto, emitindo reais para comprar dólares. Algo que nosso BC também tem feito com frequência nos últimos anos.

Depois da estabilização das expectativas no início do governo Lula, as taxas de juros reais seguem uma trajetória consistente de queda até o final de 2009. A mudança do regime cambial contribuiu bastante para esse novo patamar de juros, na medida em que liberou o Banco Central de tentar segurar o câmbio fixo para se concentrar no controle da inflação. A fortíssima apreciação cambial contribui, por sua vez, para redução dos preços e controle da inflação, criando um ciclo virtuoso. A transformação do país em grau de investimento, a quadruplicação das exportações e a quintuplicação das reservas, entre outras melhoras macroeconômicas, também contribuíram para trazer nosso juro real para o menor patamar da história recente. Essa mudança no patamar de juros tem desencadeado mudanças estruturais importantes na economia brasileira, como o florescimento do mercado de capitais privado, com desenvolvimento de mercado de hipotecas e crédito de longo prazo. Juros reais abaixo de 10% ajudaram a inaugurar uma nova fase no Brasil. Resta agora ver se conseguimos fazer a transição final para uma taxa de juros real na casa de 2% a 3%, que é o razoável para qualquer país em desenvolvimento.

Figura 15 - Juros reais *ex- ante* (*swap* de 360 dias)

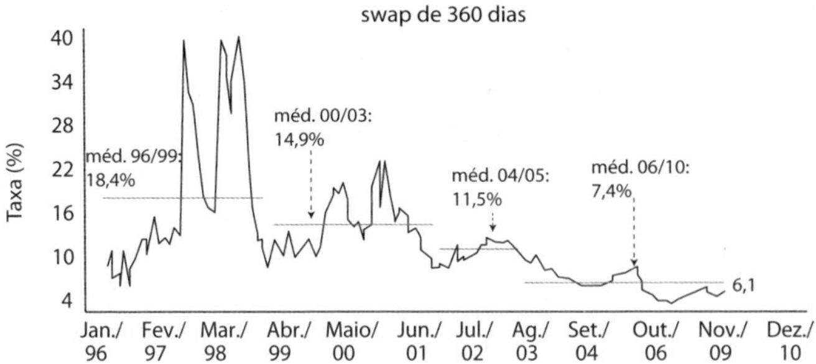

Fonte: Banco Central do Brasil (www.bcb.gov.br).

Os movimentos do BC no Brasil

O BC anunciou no início de 2010 que vai começar a restringir a liquidez por aqui. Esse movimento faz parte do processo de aumento de taxas de juros que deverá ser observado na economia. Como a taxa de juros de curto prazo é o preço da liquidez, não há como aumentá-la sem reduzir a oferta de dinheiro, e foi isso que o BC começou a fazer nos primeiros meses de 2010. Essas medidas que vêm sendo tomadas no âmbito da Fazenda e do BC fazem parte da reversão do pacote anticrise. Em setembro de 2008, o montante de compulsório na economia brasileira era de R$ 257 bilhões. Durante a crise foram liberados R$ 99,8 bilhões com a flexibilização dos recolhimentos.

A manutenção da taxa de juros real em patamares menores em termos de história recente no Brasil promoveu um formidável aumento da relação crédito/PIB para 44%, um número ainda baixo em comparações internacionais, mas uma grande melhora em relação aos nossos 25% observados há alguns anos. O longo processo de redução de juro real não pode parar, se quisermos atingir patamares civilizados de crédito sobre PIB, superando a longa fase de anomalia brasileira desde o início dos anos 1990. Ademais, apesar de alguns aumentos pontuais no início de 2010, a inflação no país não está fora de controle, e a economia mundial continua patinando.

Esse movimento recente do BC vai no sentido correto de atenuar o *boom* de crédito que se instala na economia brasileira. O aumento de compulsórios para bancos e o requerimento de parcelas iniciais maiores em financiamentos longos de carros e eletrodomésticos aumentam a solidez do sistema. Basicamente, os consumidores passam a ter que financiar uma parcela menor do bem que compram. A medida reduz a alavancagem dos bancos e famílias. O aumento dos compulsórios também vai no sentido de recolher os estímulos que foram oferecidos para o Brasil se recuperar da crise de 2008. Passada a crise por aqui, não faz mais sentido tanta liquidez sobrando.

O consumo de carros, eletrodomésticos e móveis bate recorde atrás de recorde, financiado por uma grande onda de crédito. As pequenas e pragmáticas reformas dos últimos anos, como a "MP do bem", por exemplo, associadas à queda do juro real e à estabilidade macro do país têm produzido um impressionante movimento de consumo de massas, observado poucas vezes na história do país. A formalização do mercado de trabalho e a criação, neste ano, de quase 2 milhões de postos de trabalho contribuem muito para isso. Esse ciclo já se estende há algum tempo e pode ser observado no comportamento da relação estoque de crédito sobre PIB.

Algumas pressões inflacionárias têm sido observadas, especialmente no setor de alimentos e de bens não transacionáveis (serviços). Nesse contexto, essa tentativa do BC de moderar o ciclo é acertada. Deverá, é claro, ser acompanhada de um esforço fiscal para ajudar no controle da demanda agregada. Mas, enquanto a infantaria não chega, essas medidas vão ajudando.

Choques de juros como no passado não devem se repetir no estilo de gestão mais desenvolvimentista. O ajuste fiscal e as medidas de contenção de crédito deverão ser privilegiados em detrimento de aumentos de taxas de juros. Juros maiores acabam pressionando o câmbio e deteriorando as contas públicas. Ou seja, podem até ajudar a controlar a inflação, mas à custa da criação de outros desequilíbrios macrocoenômicos. Vejamos se dá para controlar a inflação de outra maneira.

A neutralidade da moeda

Uma das grandes controvérsias entre os economistas até hoje diz respeito à chamada questão da neutralidade da moeda. Para economistas de corte mais keynesiano, a moeda tem efeitos reais na economia, ou seja, é capaz de afetar nível de produção, emprego e renda. Para economistas da linha neoclássica, a moeda tende a ser neutra, especialmente no longo prazo. Quer dizer, injeções de moeda no sistema apenas causam inflação, não alterando o curso das variáveis reais. Esse, aliás, foi o grande ponto da revolução keynesiana. No *Treatise on money*, Keynes acreditava ainda na visão quantitativista da moeda $MV = PQ$, onde M é a quantidade de moeda; V, sua velocidade de circulação; P, o nível de preços; e Q o nível de produção. Segundo essa visão, V tende a ser constante; logo, aumentos de M causam aumentos de P, para um mesmo Q. Um dos grandes passos intelectuais de Keynes foi romper com essa visão, ao perceber que V poderia ser muito volátil, ou seja, a velocidade de circulação da moeda poderia variar muito devido a mudanças nas preferências da demanda por liquidez.

Na *Teoria geral*, Keynes desenvolve a ideia de preferência pela liquidez. Procura demonstrar os motivos para se demandar moeda e liquidez em determinadas situações econômicas. E aqui entra seu conceito de incerteza. Na presença de uma ignorância muito forte em relação ao futuro, um ativo ultralíquido (moeda) é capaz de oferecer proteção aos portfólios dos investidores.

Nesse sentido, a moeda entra na economia de modo não neutro, pois se constitui num dos principais ativos do jogo capitalista. A quebra da estabilidade de V na equação quantitativa da moeda faz com que os efeitos da moeda em preços, produto e inflação passem a ser muito mais imprevisíveis. Vejamos as figuras a seguir, relativas à economia americana, que ilustram bem essa questão. A figura 16 mostra a explosão do balanço do FED. Com o estouro da crise de 2008, o Banco Central americano triplicou a base monetária, que passou de US$ 800 bilhões para mais de US$ 2 trilhões.

Figura 16 - Base monetária ajustada

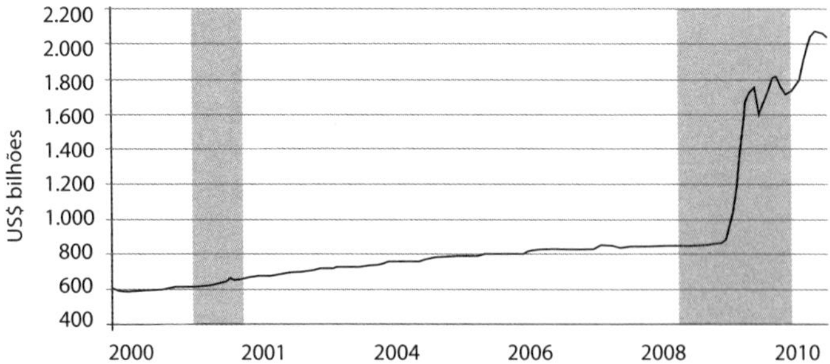

Fonte: Federal Reserve Bank of St. Louis (www.stlouisfed.org).

Onde foi parar essa dinheirama? Em termos keynesianos, a demanda por liquidez explodiu, dado o enorme aumento de incerteza; logo, todos os agentes econômicos (bancos, famílias, empresas) reconverteram seus portfólios para posições mais líquidas, aumentando sua demanda por moeda. Podemos ver isso nas figuras 17 e 18, que mostram um grande aumento de M1 (moeda + depósitos à vista) e reservas de bancos. A moeda foi parar no caixa das famílias, bancos e empresas.

Figura 17 - Estoque de moeda (m1)

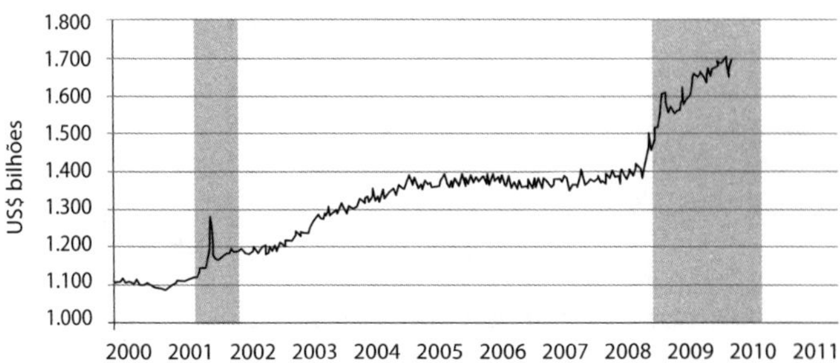

Fonte: Federal Reserve Bank of St. Louis (www.stlouisfed.org).

Figura 18 - Reservas dos bancos

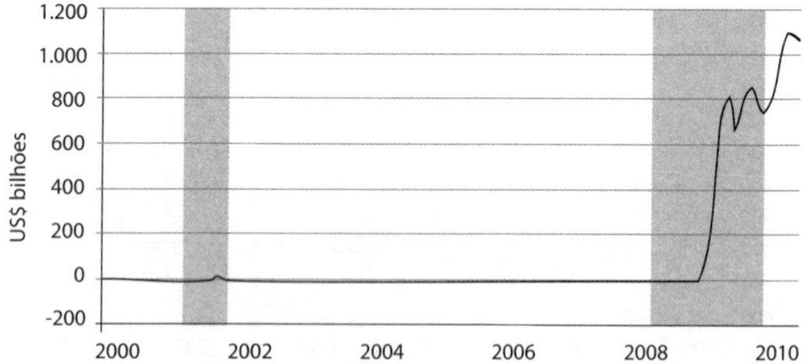

Fonte: Federal Reserve Bank of St. Louis (www.stlouisfed.org).

Surgiu então um empoçamento de liquidez generalizado. Os bancos não emprestam e as famílias e empresas mantêm seus recursos em caixa. Toda a injeção do FED não se converte em crédito e impulso econômico. Podemos ver isso também a partir da evolução dos agregados M2, que abrigam depósitos a prazo e podem indicar a dinâmica do crédito.

Figura 19 - Estoque de moedas (m2)

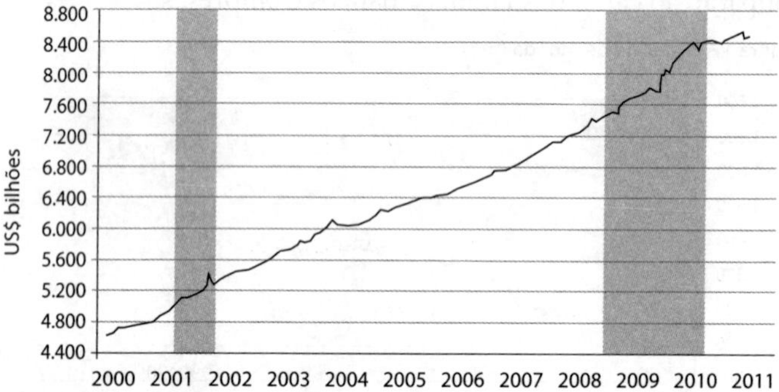

Fonte: Federal Reserve Bank of St. Louis (www.stlouisfed.org).

A velocidade de circulação da moeda *V* e os multiplicadores monetários despencam, como também podemos ver nas figuras 20 e 21.

Figura 20 - Multiplicador monetário

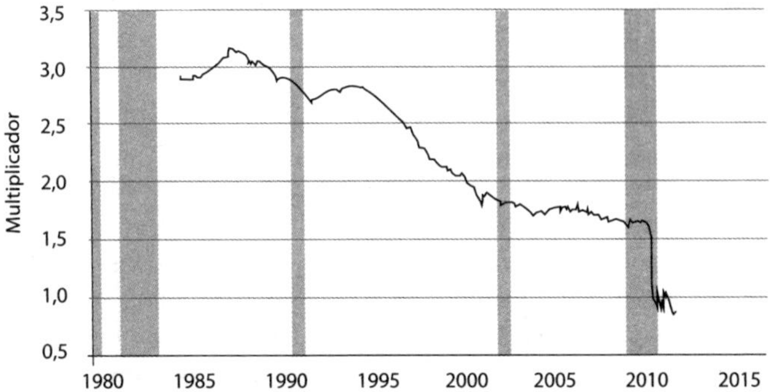

Fonte: Federal Reserve Bank of St. Louis (www.stlouisfed.org).

Figura 21 - Velocidade de circulação da moeda

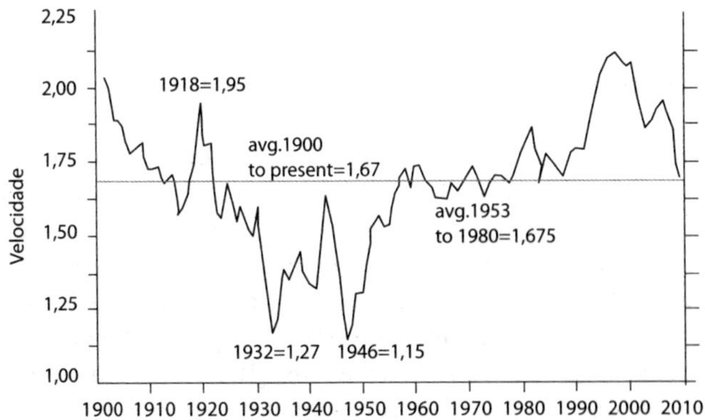

Fonte: Federal Reserve Bank of St. Louis (www.stlouisfed.org).

Onde isso tudo nos leva? A primeira questão mais evidente é que os efeitos da expansão monetária em termos de emprego, renda, crédito etc. têm sido muito baixos. O dinheiro está todo empoçado, sem conseguir acelerar a economia. Os riscos inflacionários por enquanto são baixíssimos, e aqui voltamos à discussão sobre a neutralidade da moeda. Para os economistas neoclássicos, a transmissão de moeda para preços tende a ser automática, sem mediação do sistema econômico, daí o temor inflacionário. Para os keynesianos, existe todo um circuito de mediação de moeda para crédito, para atividade econômica, para emprego, para, enfim, chegar aos preços. Logo, dessa perspectiva, estamos ainda longe de um processo inflacionário ameaçador provocado pelo expansionismo monetário do FED. Com desemprego em 10%, crescimento medíocre e crédito estagnado é difícil vislumbrar preços aumentando fora de controle. Fiquemos atentos aos dados de agregados monetários da economia americana. Por enquanto a mensagem é que a economia continua doente. Os estímulos devem permanecer por ainda algum tempo.

Dissonância juros-risco

Os indicadores de risco de curto prazo no Brasil continuam melhorando. Em meados de 2010, o risco do país, medido pelo preço dos CDS (espécie de seguro contra um calote no mercado internacional), atingiu mínima histórica de 123 pontos base ou 1,23% de juros ao ano em dólar para risco Brasil. Seria hoje o equivalente a uma melhora de três pontos na medida de risco das agências internacionais. Para se ter uma ideia do que isso quer dizer, países hoje com notas melhores do que a brasileira pagam juros lá fora maiores do que o Brasil. Por exemplo, no segundo semestre de 2010, Portugal tinha nota A (três pontos acima da nota brasileira BBB), segundo a agência de risco S&P, e tinha seus CDS cotados a 2,9% de juros ao ano no mercado internacional, ou seja, mais do que o dobro do Brasil. Isso quer dizer que a qualquer momento receberemos novos *upgrades* na nota de dívida das agências. Hoje o risco brasileiro medido pelo preço de CDS é menor do que em países como Bahrein (com nota A da S&P, quatro pontos acima do nosso), África do Sul (dois pontos acima) e Rússia (um ponto acima).

É certo que as agências de risco também não acertam muito nessas notas de risco. Na crise asiática de 1997, por exemplo, os países que quebraram tinham nota de crédito alta (grau de investimento), com destaque para a Coreia do Sul. Na bolha imobiliária americana, os pedaços de contratos de hipotecas que foram empacotados em derivativos complexos também tinham máximas (triplo A), segundo as principais agências de *rating*. E nem por isso deixaram de virar pó na crise! Hoje, segundo o mercado, o Brasil é um país bem menos arriscado do que no julgamento das agências de risco. Esses erros de avaliação das agências e do mercado são frequentes, na verdade. As crises "inesperadas" estão aí para mostrar os equívocos.

De todo modo, desde o final de 2009 o risco brasileiro medido pelo mercado já vem abaixo de países como Rússia e África do Sul, além de Grécia, Hungria, Turquia e Filipinas. Na contramão desse movimento, nosso BC aumentou a taxa de juros em 2010 para tentar controlar a demanda agregada e a inflação. Ocorre que um aumento de juros associado à queda de risco significa atração de capital. Como dizem os economistas, a paridade câmbio-juros aponta para uma relação direta entre nível da taxa de juros e apreciação do câmbio. Quanto maior a taxa de juros, maior a apreciação cambial, devido à entrada de fluxos de capital que investem em títulos domésticos. A pressão no câmbio brasileiro tem aumentado, e o governo terá dificuldade em segurar a cotação de nossa moeda. A apreciação poderá até auxiliar no controle dos preços, ajudando a reduzir a inflação. Estamos trocando uma inflação menor por um déficit em conta-corrente maior e um futuro desequilíbrio externo. Uma estratégia arriscada.

Anomalia crédito-juros

A economia brasileira caminha a passos largos para se tornar normal. Algumas anomalias persistem, entretanto. *Spreads*, juro alto e crédito baixo continuam no topo da lista. A figura 22 mostra níveis de crédito sobre PIB e *spread* bancário médio para uma lista de países ricos e em desenvolvimento em 2008 e 2009, segundo dados do Fórum Econômico Mundial. O caso dos *spreads* brasileiros é de fato gritante, aberrante, anormal. Numa lista com 22 países, ficamos em primeiro lugar, com um *spread* quase cinco vezes maior do que no Japão, o segundo colocado. Também estamos em segundo lugar na lista global de 130 países pesquisados pelo Fórum Econômico Mundial, perdendo só para o Zimbábue. Nossa relação crédito/PIB também aparece entre as piores do mundo (45%). A economia brasileira é desalavancada, com crédito escasso, juro alto e *spread* fora do normal, uma espécie de atrofia financeira.

Em parte, esses altos *spreads* e o baixo nível de crédito se explicam pelos anos de instabilidade macro e atrofia financeira. Passamos os anos 1980 mergulhados em inflação, quase hiperinflação. Passamos os anos 1990 sufocados por uma política monetária extremamente rígida, que tentava debelar a inflação. Com taxas de juros reais na casa dos 15% não dá para ter sistema de crédito decente. Não à toa, nossa relação crédito/PIB nos anos 1990 era qualquer coisa como 15%. O sistema financeiro brasileiro era, e ainda é, extremamente concentrado, o que também não ajuda a reduzir *spreads*. Incertezas contratuais diversas em relação aos tomadores de crédito também contribuíam e contribuem para termos um dos maiores *spreads* do mundo. E as contas do governo, fragilizadas, também sugavam muito da poupança do setor privado.

A boa notícia é que a situação tem melhorado muito. Com a estabilização da inflação e a queda dos juros, os *spreads* têm caído. Aumenta a concorrência no setor, e o mercado de capitais floresce. Operamos agora na casa dos 6% reais. Tudo fica mais fácil. Nosso nível de crédito dobrou nos últimos seis anos, e analistas apontam para um aumento de mais 100% nos próximos 10 anos. Mas estamos hoje ainda longe da média nessa lista (90%). E bem longe dos Pigs, obviamente (Portugal, 155%; Espanha, 170%). Pela óptica da relação crédito/PIB, existe ainda muito espaço para valorização imobiliária e da bolsa de valores no país.

Figura 22 - *Spread* x crédito/PIB

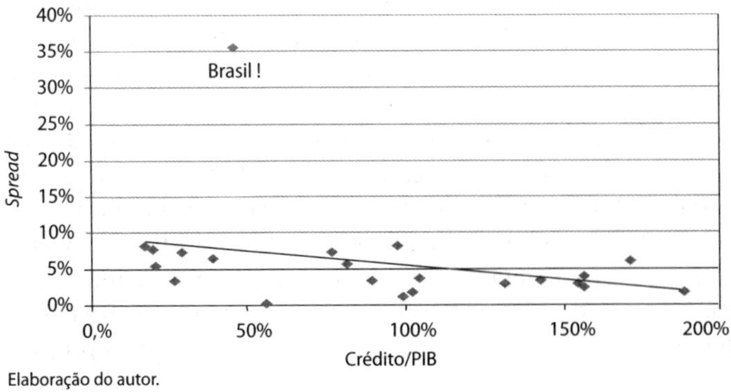

Elaboração do autor.

Festa da liquidez

Ao discutir as propriedades da função de demanda por moeda num dado sistema econômico, Keynes tratou teoricamente de um fato curioso, que ele nunca tinha visto nem acreditava ser possível na prática. Uma situação em que o estoque de liquidez e moeda na mão dos agentes atingisse um ponto de saturação. No caso, novas rodadas de injeção de liquidez teriam pouco ou nenhum efeito sobre o nível da taxa de juros de curto prazo, que deveria já estar próxima de zero. Se imaginarmos a função demanda por moeda como uma hipérbole, haveria uma convergência assintótica em direção a zero no eixo da taxa de juros, conforme a demanda por moeda explode para o infinito. Que situação bizarra. Um banco central injetando moeda até não poder mais, o juro próximo de zero, e os agentes econômicos saturados de liquidez. Gastar hoje ou no futuro, tomar emprestado ou emprestar, o futuro com o mesmo preço do presente! Bem-vindos aos atuais casos japonês e americano.

O que aconteceu na crise americana não foi exatamente o que Keynes tinha em mente quando pensava sobre a situação-limite da armadilha da liquidez. Mas sua tese de preferência pela liquidez se aplica perfeitamente ao caso. Numa situação de desespero, de incerteza em relação ao futuro, os agentes econômicos trocam ativos menos líquidos por ativos mais líquidos, sendo a moeda o caso extremo. Na crise, a demanda por liquidez explode, pois surge uma suspeita generalizada em relação ao valor dos ativos de risco. Se as autoridades monetárias não respondem imprimindo moeda, as taxas de juros (que são o preço da liquidez) explodem. Mas o FED do Bernanke tem respondido à altura. Aliás, com mais força que o próprio aumento da demanda por liquidez. Desde o início da crise até o final de 2010, já contando com a nova onda de afrouxamento monetário, a base monetária deverá passar de US$ 500 bilhões para quase US$ 3 trilhões. Que bela dinheirama.

Esses dólares que têm sido jogados de helicóptero na economia mundial, como bem disse nosso ministro Guido Mantega, possuem destino certo: ativos no mundo emergente. Nos EUA, os consumidores não gastam, as empresas não investem e os bancos não emprestam. Todos endividados, sem emprego e renda. Então, o melhor mesmo é investir no Brasil, China e Índia. Por aqui, a pressão no câmbio será mais violenta ainda e nossos ativos de risco (ações, imóveis, títulos) vão subir com força. Bernanke está jogando liquidez na nossa festa. Ao tentar ajudar a economia americana, ele está mesmo é turbinando a festa dos emergentes.

Superciclos

Os grandes movimentos de preços de ativos são, no fundo, reflexos de superciclos. Os mais tradicionais são os de liquidez e de *commodities*. Hoje vivemos um superciclo de expansão de liquidez por conta das respostas à crise de 2008 e um superciclo de aumento de preços de *commodities* devido à entrada da China e Índia, de fato, na economia mundial. É claro que a alta das *commodities* é também turbinada pela liquidez excedente. Uma chave de leitura fácil para entender a segunda metade do século XX e a primeira década do século XXI é estudar esses ciclos de liquidez. O maravilhoso texto "Capital flows to developing countries in a historical perspective", de Yilmaz Akyuz, ajuda muito a entender. O autor apresenta quatro grandes ciclos de fluxos de capital para países emergentes, medidos em US$ bilhões e percentagem do PIB desde o início dos anos 1970. O ciclo dos anos 1970 foi capitaneado por empréstimos para governos desenvolvimentistas na Ásia e na América do Sul. A liquidez mundial veio dos déficits externos americanos e da reciclagem dos petrodólares depois de 1974. Foi também uma boa época para preços de *commodities*, e o endividamento no mundo emergente correu solto. E assim foi até a crise da dívida em 1980. Com medo da inflação, o FED deu uma paulada nos juros no final dos anos 1970 e colocou todo o mundo emergente de joelhos.

A festa voltou com força nos anos 1990, depois da digestão dos excessos dos anos 1970. Essa nova festa foi também comandada por um excesso de liquidez decorrente da crise dos Savings and Loan nos EUA e do estouro da bolha japonesa em 1990. Dinheiro farto. E, como diz meu amigo, o brilhante economista Gabriel Palma, lá estava de novo a América Latina como tomadora de empréstimos e liquidez de última instância. Nessa a Ásia surfou junto. Quem não se lembra, por aqui, da primeira metade da década de 1990? Foi uma farra do boi. Tudo subindo, todos se endividando. O segundo ciclo de *boom* e *bust* começou a terminar em 1997, com a crise asiática. Depois vieram Rússia, Brasil e Argentina. Nesse segundo ciclo, os investimentos diretos estrangeiros tiveram mais importância do que os empréstimos comerciais dos anos 1970. Mas foi uma festa bonita de se ver também. Algumas pérolas do período: Puerto Madero, Petronas Towers.

Depois veio o terceiro ciclo. Turbinado pela redução das taxas de juro do Greenspan no rescaldo do estouro da bolha pontocom. Além disso, houve a reciclagem dos superávits asiáticos, especialmente a China, reinvestindo seus capitais em títulos americanos, jogando as taxas longas ainda mais para baixo.

Juros baixos *for all*! (menos aqui no Brasil). Então essa farra da liquidez, que já conhecemos, ajudou a criar a superbolha americana. E se espraiou para o mundo emergente. Nessa época, a bolsa brasileira saiu de 10 mil para 70 mil pontos. Foi um belo ciclo. Aliás, nesse período entrou também o atual superciclo de *commodities*, graças à China e à Índia. O ciclo acabou na quebra da Lehman Brothers em 2008; no terremoto seguido de *tsunami*, que todos nós sofremos. E por que estudar esses ciclos? Como isso tudo nos afeta? Bem, estamos agora entrando no quarto ciclo. Um ciclo de liquidez somado a um ciclo de *commodities*.

E nesse novo superciclo a sincronia é ainda maior. Tudo anda junto agora. Quer ver? *Commodities*, moedas emergentes e bolsas sobem juntos. É um *play* de todos contra o dólar. Quando a liquidez vaza, os ativos emergentes sobem. Quando a liquidez volta para os EUA, os emergentes caem. A crise de 2008 foi emblemática. E as bolsas no mundo emergente estão absolutamente correlacionadas com os fluxos de capital. A enxurrada de dólares para esses países causou subidas simétricas. Cenas dos próximos capítulos. Em algum momento o FED vai começar a subir a taxa de juros e adotar estratégias de saída para as políticas de estímulo. Muito provavelmente em 2012. O preço do petróleo subindo atrapalha bem em termos de inflação e pode obrigar o BC americano a antecipar o movimento de juros. O que vai ocorrer? Valorização do dólar, queda de *commodities*, depreciação de moedas e bolsas emergentes. Pode ser um processo gradual, é claro. Mas pode acontecer também de supetão. Num cenário onde a leniência do FED vai amplificando o ciclo mundo afora, até que no final venha um ajuste mais forte e rápido. Fiquemos atentos para a subida e a descida.

Capítulo 4

Ações e títulos

Por que o Brasil virou grau de investimento?

E as reformas, onde foram parar? Fizemos a reforma do mercado de trabalho? Não. Fizemos a reforma política? Não. Fizemos a reforma do Judiciário? Não. Fizemos um ajustamento notável de contas públicas? Não. Viramos grau de investimento? Sim! O que aconteceu então? Obviamente nenhuma dessas reformas era assim tão importante. As figuras 23 e 24 mostram a evolução de nosso passivo externo líquido. Esse, sim, explica nosso grau de investimento. Quadruplicamos as exportações, quintuplicamos as reservas, e a relação entre nossa dívida externa e as exportações caiu de 4 para 1. A capacidade de geração de dólares estruturalmente, o estoque de reservas e a redução do passivo externo líquido são provavelmente os fatores mais importantes para o grau de investimento.

Nossos títulos públicos externos são negociados a preços bem elevados, e a percepção de risco é baixíssima. Hoje um título brasileiro paga pouco mais do que 1,5% de juros acima de um título americano de mesma duração. No passado esse valor chegou a 25%, para se ter uma ideia de como comprar títulos brasileiros era arriscado. Como ninguém queria comprar esses títulos, seus preços eram baixos e tinham que pagar juros muito altos para atrair investidores. Hoje todos querem Brasil, e o preço dos títulos está alto, e os juros, baixos. As agências de risco concordam e por isso nos deram grau de investimento em 2008 (nota BBB). As agências avaliam dados macroeconômicos e atribuem uma nota ao país. Grau de investimento é o primeiro passo de um país considerado minimamente civilizado em termos de pagamentos de dívidas rumo ao triplo A, que é o limite. A melhora cataclísmica do nosso setor externo tem tudo a ver com isso.

A grande característica dos países asiáticos, que crescem de forma sustentada há 40 anos, sempre foi ter uma baixa relação entre dívida externa e exportações. Mesmo os países com alto endividamento, como a Coreia no final dos anos 1970, tinham alto nível de exportações, de modo que o indicador dívida/exportação ficava ainda relativamente baixo. Isso também vale para Malásia, Tailândia, Indonésia, países que cresceram e crescem aceleradamente desde os anos 1970. A alta capacidade de geração de dólares em relação à dívida externa tranquiliza os mercados na medida em que mostra o poder de fogo em moeda forte de cada país. A correlação entre grau de investimento e esses indicadores nos últimos 30 anos é impressionante. Com um indicador na casa de 1, o Brasil de hoje se assemelha a um país asiático e teve também seu grau de investimento. Uma situação bem melhor do que nos anos 1980 e 1990, quando essa relação por aqui era de 4. Ou seja, nossa dívida externa era quatro vezes maior do que nossas exportações anuais.

Mais recentemente nosso déficit externo voltou a aumentar, e parte desses ganhos foi perdida. É verdade que a volta dos déficits em conta-corrente é financiada hoje com relativa tranquilidade pelos fluxos de capital e IDE nos últimos anos. Fiquemos atentos à volta dos déficits em conta-corrente.

Figura 23 - Dívida externa total/ exportação de bens

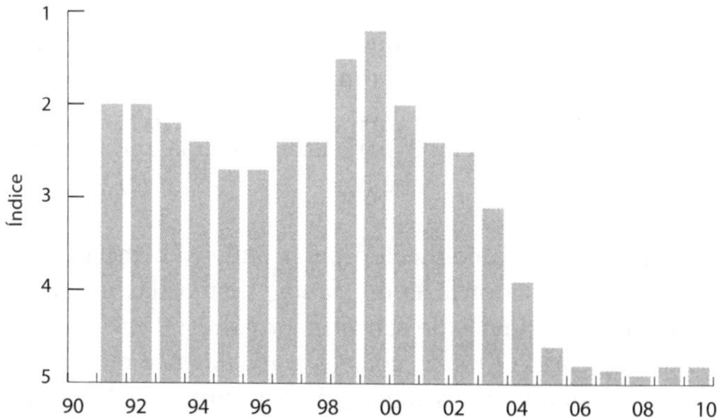

Fonte: Banco Central do Brasil (www.bcb.gov.br).

Figura 24 - Dívida externa líquida x *ratings* S&P

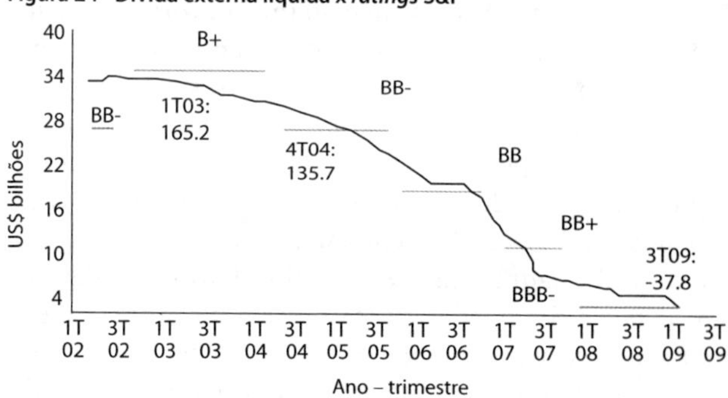

Fonte: Banco Central do Brasil (www.bcb.gov.br).

Keynes e os mercados

Além de ter sido o economista mais importante do século XX, John Maynard Keynes fez uma pequena fortuna no mercado acionário, numa de suas facetas pouco conhecidas por analistas e estudiosos do tema. Em 1946, cinco meses depois de sua morte, os números de seu patrimônio vieram a público: 480 mil *pounds* da época ou o equivalente a US$ 30 milhões em valores de hoje. Ainda que grande parte de sua vida tenha sido dedicada às artes, ao conhecimento e ao serviço público, sobrou tempo para fazer fortuna no mercado financeiro. Keynes não recebeu herança, pois morreu antes de seus pais.

Maynard, como era conhecido pelos amigos, começou sua carreira de especulador fazendo *trading* de moedas nos anos 1920. Seguindo as ideias do seu primeiro *best-seller*, *The economic consequences of peace*, começa a apostar nos movimentos das moedas europeias logo após o término da I Guerra Mundial. Ganha muito dinheiro inicialmente mantendo posições compradas em dólares e vendidas nas moedas dos países continentais europeus. Após o sucesso inicial, sofre um revés no mercado de moedas, perdendo praticamente tudo no final de 1920. Mas não desiste. Toma empréstimos, se alavanca, liquida sua posição de ações para voltar a investir em moedas e finalmente é recompensado. Em 1922, tinha já recuperado tudo o que havia perdido, e seu patrimônio estava na casa de 21 mil *pounds* (US$ 1,5 milhão em valor atual).

Com a volta do padrão-ouro e o câmbio fixo na Inglaterra em 1925, o *trade* de moedas deixa de ser relevante, e Keynes muda seu foco para *commodities* e ações em Wall Street e na City. Ganha muito dinheiro até 1928, quando o mercado começa a virar. Suas posições em borracha, milho, algodão sofrem perdas enormes, obrigando-o a liquidar grande parte do seu portfólio de ações em Wall Street. Quando finalmente vem o choque de 1929, as poucas ações que ainda lhe restavam viram pó. Seu patrimônio à época sofre um revés de 80%, caindo de 44 mil *pounds* em 1928 para 8 mil *pounds* dois anos depois. Pela segunda vez na vida Keynes estava à beira do precipício financeiro.

A partir dos anos 1930, entretanto, Keynes abandona seu método de *momentum investing* ou *anticipatory trading*, pelo qual se tenta bater o mercado antecipando tendências. Desilude-se com esse *approach top-down* ou de *credit-cycle investing*, como chamava. Para ganhar dinheiro com tal estratégia o investidor deve ser capaz de entrar e sair na hora certa do movimento de manada. Mas o que ocorre na maioria dos casos é uma entrada tarde demais ou ainda uma saída atrasada. Além dos custos incorridos na operação, o *timing* correto de entrada e saída no curto prazo é praticamente impossível de se prever, segundo Keynes.

Keynes transforma-se então num investidor fundamentalista, com foco em ações particulares (ao invés de índices), baseando-se em suas próprias análises sobre o futuro de companhias específicas, e não em retornos passados ou julgamentos de mercado. Com essa mudança de estratégia, consegue rapidamente recuperar seu patrimônio a partir de barganhas encontradas no pós-*crash*. Saindo dos 8 mil *pounds* que haviam lhe restado em 1929 (sem contar a triste memória da venda de seu Matisse preferido, na época da crise), multiplica seu patrimônio para a impressionante quantia de 500 mil *pounds* quando a *Teoria geral* é publicada em 1936. A mudança de postura, segundo o próprio Keynes, significava não mais especular para se dedicar a investir de verdade. Em seus termos, o verdadeiro investidor está preocupado com valores últimos, e não valores de troca das companhias.

Em sua nova atitude de investidor *contrarian* e de *stock-picking*, algumas regras se destacam. Sua postura básica torna-se *buy and hold*. Concentra-se em buscar poucas ações cujo valor de mercado ofereça grande distorção em relação ao valor intrínseco estimado. Quanto maior esse *gap* ou *buffer*, maior a margem de segurança para se investir na companhia. O truque aqui é esperar (muito tempo, às vezes) o mercado voltar a ser capaz de precificar adequadamente um ativo que por algum motivo está mal precificado. Para Keynes, o mercado oscila entre momentos de lucidez e fases de pânico, depressão ou euforia, e cabe ao investidor sábio tirar proveito disso mantendo uma perspectiva de longo prazo. Um portfólio concentrado oferece também grande vantagem, segundo Keynes. A diluição é a medida de nossa ignorância. Então, quanto menos sabemos sobre os ativos, mais diversificamos. A melhor estratégia de investimento é conhecer bem poucos ativos e carregar grandes quantidades em carteira. Ficar "quieto" e evitar *tradings* excessivos, com altos custos de transação. O que não significa, obviamente, esquecer do mercado e não mudar conforme se modificam as condições que afetam os ativos.

Keynes ficou rico investindo na bolsa de valores, sem dúvida. Apesar de ter enriquecido, o dinheiro nunca foi sua prioridade, mas tão somente um meio para uma vida bem vivida.

Mercados quase racionais

A separação de controle e propriedade está na base do mercado acionário. Sem essa separação, a negociação de ações não seria possível, já que a administração e o controle da empresa estariam mudando a cada minuto, a cada negócio. A existência de liquidez de um papel ou empresa, ou a possibilidade de compra e venda, depende então dessa separação originária. Afinal, por que gostamos de papéis líquidos? Para poder sair rapidamente em casos de estresse ou revés, não é mesmo? A liquidez é a porta de saída do investidor frustrado. Ou, de outro modo, pode ser que os investidores só entrem num projeto, pois sabem que podem sair a qualquer momento. Daí uma grande virtude do mercado acionário: ser capaz de dar liquidez individual para algo que não é socialmente líquido, já que uma saída de todos ao mesmo tempo não é possível. Grandes investimentos se tornam factíveis em bolsa, pois há um mecanismo de diluição de risco interessantíssimo em operação. Mas, e se o projeto for mal? Se os administradores não tomarem as medidas corretas e fizerem as escolhas erradas? Ou, então, perseguirem agendas escusas? E se colocarem o ganho individual à frente dos interesses da companhia? Bom, daí é fácil: é só vender a ação e sair rapidinho. Quanto mais líquida, melhor! E a companhia? Ela que sofra com os desmandos da gestão.

Do ponto de vista econômico, há uma grande ineficiência envolvida nessa questão. O incentivo para os acionistas de uma companhia que vai mal é vender as ações, e não brigar pela eficiência na gestão da empresa. A administração eficiente dá lugar à fuga para a liquidez individual. Só que, do ponto de vista agregado, não existe liquidez para todos. Alguns saem mais rapidamente, e a ineficiência fica lá na empresa. Ou seja, cuidado, pois muita liquidez pode também significar muita ineficiência.

Mas, afinal de contas, o mercado é racional ou irracional? Nem um, nem outro! Certamente não é irracional, pois em geral tende a precificar (num período de tempo razoável...) adequadamente os ativos financeiros. Mas também não é totalmente racional, pois esse tempo pode ser muito longo, e inúmeras ações, títulos e outros instrumentos financeiros mal precificados estão aí como testemunha. Talvez o mais correto seja dizer, como alguns economistas (H. Simon), que o mercado tem racionalidade limitada, é quase racional. Ou seja, tende a acertar, mas comete muitos erros. Devido à falta de capacidade computacional para processar todas as informações relevantes para a formação de preços de ativos financeiros, e devido à mudança constante do ambiente econômico, torna-se praticamente impossível precificar sempre adequadamente os ativos financeiros. Ou, como diria outro importante economista (J. M. Keynes), como o futuro é incerto, e o preço de qualquer ativo financeiro depende do futuro, fica difícil acertar o preço.

Na presença dessas realidades mutáveis e da falta de capacidade computacional, resta aos gestores se apoiarem nas mais diversas convenções na hora de formar preços. Daí a importância das finanças comportamentais: efeito-manada, contágios, bolhas, crises, manias e pânicos – a história dos mercados financeiros. Moral da história: se os mercados erram tanto assim, sempre haverá a possibilidade de se ganhar dinheiro comprando ativos mal precificados!

Cisne negro

Um dos maiores equívocos da teoria de finanças moderna tem sido tratar o retorno dos ativos como gaussiano, ou seja, seguindo padrões normais. Ao ignorar o que agora se chama de *fat tails*, toda classe de modelos do tipo VAR causou estragos consideráveis em portfólios mundo afora. O problema de se usar a curva normal para representar retornos financeiros está na baixíssima probabilidade atribuída a eventos extremos, ou "cisnes negros", em homenagem a N. Taleb. Os eventos extremos são muito mais comuns do que imaginamos no mundo financeiro, e achar que num longo período de tempo 95% dos retornos de ativos financeiros estarão a dois desvios-padrão da média para cada lado (curva normal) é um pouco ingênuo. Aliás, as grandes fortunas e quebras espetaculares advêm mesmo desses eventos extremos, que ocorrem com muito mais frequência do que um gaussiano gostaria. Vejamos a seguir o comportamento do ativo inep4 (Inepar Indústria e Construções, empresa listada em bolsa) em 2009, um belo exemplo de comportamento não gaussiano.

Na figura 25, podemos observar que o ativo triplicou de preço em 2009. Começou o ano valendo R$ 2 e terminou na casa dos R$ 6 (a rigor, houve um *split* no preço da ação em 13/11 que o dividiu por sete). Reparem que o movimento da ação está longe de ser linear. As subidas se dão em dois grandes saltos. Um em junho, quando inep4 pula para R$ 4, e outro no final de outubro e começo de novembro, quando pula de novo para R$ 6. *Grosso modo*, pode-se dizer que a ação anda de lado de janeiro a maio (cinco meses) para dobrar em duas semanas. Depois anda de lado novamente até novembro (mais quatro meses) e pula para um patamar 50% maior. O investidor que ficou fora do ativo nos meses de junho e novembro perdeu toda a valorização do ano! Ou seja, em 12 meses, a ação triplicou de preço, só que o movimento se deu em apenas dois meses. Nos outros 10, só marasmo.

Uma maneira interessante de se observar esse comportamento é olhar para o histograma de retornos da ação, o qual mostra as frequências relativas de retornos ao longo do ano.

Se seguisse um comportamento normal, 95% dos retornos deveriam estar em torno da média (0,45%). Mas não estão. Reparem que existe um agrupamento à direita significativo, ou seja, os eventos extremos de aumentos de mais de 6% num dia são relativamente frequentes. Aliás, são esses que provocam os saltos de junho e novembro e conferem a não linearidade ao comportamento do ativo, ou, se quiserem, sua "não gaussianidade". Temos, no caso dessas 245 observações, um desvio-padrão de 2,78%. Nos extremos da cauda direita e da esquerda não é difícil perceber que eventos maiores do que dois desvios-padrão ocorrem com maior frequência do que em 5% de todas as observações. Nesse exemplo, eles somam aproximadamente 9% das ocorrências (14/245).

E, está claro então que temos aqui um belo exemplo de eventos extremos frequentes. Moral da história: se você é um investidor que acredita em bolsa e vai viajar esse ano, fique comprado, pois um mês pode lhe custar o retorno do ano inteiro.

Figura 25 - Inep4 - valor da ação

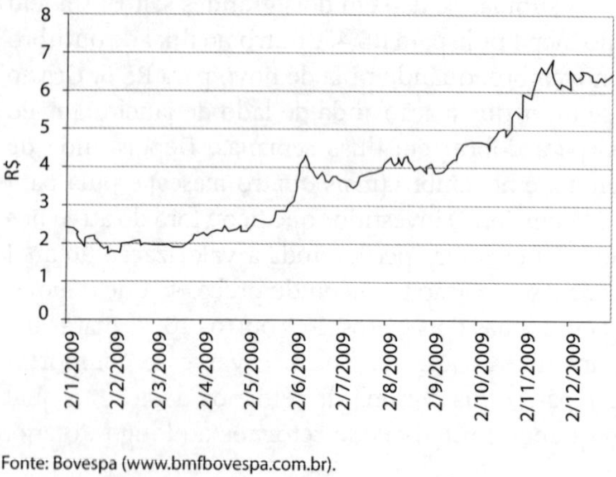

Fonte: Bovespa (www.bmfbovespa.com.br).

Figura 26 - Histograma

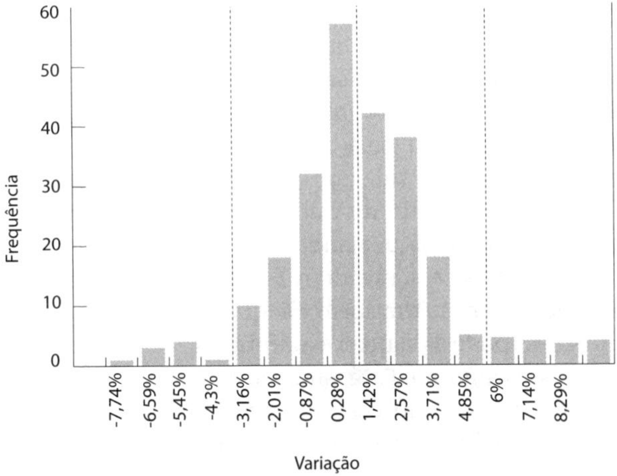

Elaboração do autor.

Bolsa nos próximos anos

Que será do índice Ibovespa nos próximos anos? Num mundo não gaussiano as previsões são mesmo complexas, mas minha aposta é que baterá os 80 mil pontos nos próximos três anos. Com crescimento possível de 5% ao ano até pelo menos 2015, teremos aí na conta mais um quarto de PIB surgindo na próxima meia década! Aproximadamente mais R$ 1 trilhão por ano serão incorporados no PIB! Nada mal! Imaginem a quantidade de oportunidades que um acréscimo de produção dessa ordem produz! Mas, perguntariam alguns, por que a bolsa continua no patamar de 70 mil pontos? Porque a influência externa aqui é muito forte ainda. Hoje, 27% do estoque de ações da bolsa brasileira (US$ 1,5 trilhão) está na mão de estrangeiros. E o brasileiro classe B e C não chegou à bolsa ainda... E, se o mundo vai mal, o gringo se assusta, não é mesmo? Mas qual o cenário mundial e brasileiro nos próximos anos?

Começando por aqui, teremos com certeza alguns bons anos. Apesar do soluço inflacionário do final de 2010, o otimismo com o Brasil continua ainda retumbante. Os projetos e potenciais de investimento se multiplicam. O mercado doméstico voa. O mercado de trabalho nunca viu tanta boa notícia. A força de nossa demanda interna continua impressionando e garantirá crescimento robusto ainda por mais uns dois anos, pelo menos. Um forte choque de juros para controlar a inflação poderia mudar essa rota. Mas o governo não seguirá por esse caminho. Fará, sim, ajuste na Selic, mas nada demais. Acho que os esforços se concentrarão na tentativa de controle de crédito, corte de gastos e isenções tributárias para estimular a oferta.

O risco brasileiro está no setor externo. A forte expansão da demanda, associada à sobrevalorização cambial, tem reconstruído nosso buraco externo, que tende a crescer muito nos próximos anos. Segundo algumas projeções, vamos atingir um déficit de US$ 100 bilhões já em 2012. Daí por diante, a cada ano que passar, deveremos mais US$ 100 bilhões. Até lá estaremos tranquilos, mas, depois de atingir essa cifra cabalística, a coisa se complica um pouco. Teremos ainda financiamento farto por conta de Copa e Olimpíadas; então, acho que dá para esticar essa gastança talvez até 2015 ou 2016. Aliás, a semelhança com Portugal e Grécia é curiosa aqui.

E o mundo, como andará nos próximos anos? Os EUA vão se recuperar. Por bem ou por mal. A extensão das isenções de impostos, mais a impressão monetária infinita e as ondas de gasto público vão recolocar a economia americana na rota do crescimento em algum momento. Mas, e o déficit americano? Consumidor não deixa de gastar, nem empresa deixa de investir por conta de déficit fiscal. Desemprego alto e falta de perspectiva de lucro é que atrapalham. Então, depois que a economia voltar a andar, resolve-se o déficit. Já na Europa as pessoas pensam de modo diferente: há que cortar gastos e não se pode imprimir dinheiro assim à toa! Imagine! O que vai acontecer? A Europa vai quebrar, e os EUA se recuperarão!

A zona do euro respira hoje por aparelhos (alemães). Basta que o BCE pare de comprar títulos dos Pigs para que a zona monetária se rompa em questão de semanas. Veja o *script*: BCE sai do mercado de título; *spreads* de Pigs disparam para níveis latino-americanos; corridas bancárias e fugas de capital. Pronto, a zona do euro já era. Então, se os alemães (e um pouco os franceses) quiserem, a situação pode se arrastar por tempo indefinido. Basta que se imprimam euros como se imprimem dólares. Se os alemães se cansarem, a casa cai. Então o pânico se instala, pois não há como desmontar um arranjo desse tipo de forma tranquila.

Então ficamos assim para os próximos anos:

- Brasil bombando, com desemprego abaixo de 6% e crescimento de no mínimo 5%. BC dando um tapinha na taxa de juros e tentando controlar a inflação por outros meios;
- EUA ganhando força e se recuperando com gasto público, dólar desvalorizado, corte de impostos e juro zero;
- Europa definhando, com todas as fichas na Alemanha, que cresce e decide se o bloco continua ou se desfaz;
- Ásia, como sempre, de vento em popa. A China vai temperando seu milagre. Vejamos se não surge uma bolha por lá também.

Câmbio, juros e bolsa

Todo final de ano chega a safra das previsões para o que vem pela frente: Ibovespa a 86.500/pontos, Selic fechando a 12,75%, câmbio a 1,675/real por dólar e por aí vai. A única certeza da previsão é o erro. Então, não façamos previsões. Façamos, sim, análises sobre o futuro. E nesse campo alguns mecanismos podem ser estudados de modo a gerar *insight* para exposições patrimoniais vencedoras. Para se ter alguma ideia dos rumos de câmbio, juros e bolsa em 2011, os mecanismos abaixo elencados podem ser úteis.

Começando pela taxa de juros, há consenso entre os economistas, fora e dentro do governo, quanto à necessidade de aperto monetário para recolocar a inflação na meta. Grandes choques de juros parecem, no entanto, estar descartados. O novo governo desenvolvimentista não gosta disso. O juro alto atrai capitais e atrapalha ainda mais o câmbio. Vai tentar controlar a inflação alterando condições de crédito, cortando gasto público, usando tarifas e subsídios. A Selic subirá, mas provavelmente em doses homeopáticas. A inflação voltará para a meta, mas provavelmente só em 2012.

O câmbio é hoje o maior pesadelo do governo. Como o Brasil continua *sexy*, os capitais vêm para cá mesmo, sem conversa. Olimpíadas e Copa se aproximam, e os projetos de investimento se avolumam. Então, a pressão de apreciação da moeda brasileira é permanente. Só que o governo não quer isso, pois atrapalha a indústria e o comércio externo. Em 2010, a compra de reservas foi de mais de US$ 40 bilhões, segunda maior cifra da história, só perdendo para os US$ 90 bilhões de 2007. A luta em 2011 continua. O IOF pode subir mais, sim, especialmente para compensar os pequenos aumentos de Selic.

Quem estiver comprado em dólar passará o ano ao lado do governo. Quem estiver vendido se juntará aos estrangeiros que vêm para cá.

Por falar nisso, esses estrangeiros têm hoje 27% da capitalização da bolsa paulista. E deles dependerá a dinâmica do Ibovespa em 2011 e 2012. Daí importamos Europa e EUA para nossa bolsa. A Europa não terá um 2011 fácil, pois a situação dos Pigs tende a se agravar. A Alemanha vai bem, obrigado. E tudo leva a crer que não deixará nenhum dos Pigs quebrar. Irá carregá-los com ração limitada. Mantendo o estado de agonia do sul da Europa. Nos EUA, as notícias são melhores. Com políticas públicas de recuperação a plena carga, como emissão monetária, corte de impostos e algum gasto público, a economia americana segue trilhando o caminho da recuperação. A desvalorização do dólar também contribui. Dado que EUA, Alemanha, Inglaterra, Leste asiático e América Latina terão um bom ano, não dá para ficar pessimista só porque Portugal, Grécia, Espanha, Irlanda e Itália? vão quebrar, não é mesmo? Então, há um vetor importante de melhora nas bolsas mundiais e brasileira que não pode ser ignorado. Será que os mercados cansarão dos Pigs?

No que diz respeito a fatores internos que condicionam nossa bolsa, o Brasil bomba como nunca. Desemprego em 5% só no tempo do milagre nos anos 1970. Mas a influência externa é grande na bolsa, e está difícil decolar. Muitas empresas brasileiras vão ficando baratas, na medida em que seus fundamentos não se refletem nos preços. Para ficar atento nos próximos anos: podemos ter também novidades no *front* de taxação de *commodities*. Na luta contra a sobrevalorização da moeda brasileira, o governo poderá, sim, se aventurar no campo de taxação de matérias-primas. Ferro, aqui, é o candidato natural. E cuidado com a Vale. Não é novidade que o governo luta para ver o adensamento da cadeia do ferro por aqui, e não na China.

As figuras 27 e 28 mostram o comportamento da bolsa brasileira nos últimos anos. Na primeira podemos observar que o índice praticamente quintuplicou desde o início de 2000 até o final de 2010. Começou 2010 em 16.900 pontos e terminou, 11 anos depois, na casa dos 70 mil. Reparem que o movimento do índice está longe de ser linear. As subidas nesses 2.724 pregões se dão em saltos. As quedas são abruptas também! Especialmente a da crise de 2008, quando o índice sai de 70 mil e volta para os 30 mil. A recuperação também é violenta em 2009, com subida de 90% num ano. Se o Ibovespa seguisse um comportamento normal, 99,7% dos retornos deveriam estar a no máximo três desvios-padrão da média. Mas não estão. Existe um agrupamento à direita significativo, ou seja, os eventos extremos de aumentos de mais de 6% num dia são relativamente frequentes, e os de quedas, também. No caso dessas 2.724 observações, temos um desvio-padrão de 2,04%. Nos extremos da cauda direita e da esquerda não é difícil perceber que eventos maiores do que três desvios-padrão ocorrem com maior frequência do que em 0,3% de todas as observações. Nesse exemplo, eles somam aproximadamente 1,32% das ocorrências (36/2.724), quatro vezes mais do que deveriam ocorrer se o comportamento fosse normal! Temos aqui outro belo exemplo de eventos extremos frequentes. Portanto, se você se tornar um investidor de bolsa nos próximos anos, cada dia será crucial!

Figura 27 - Ibovespa

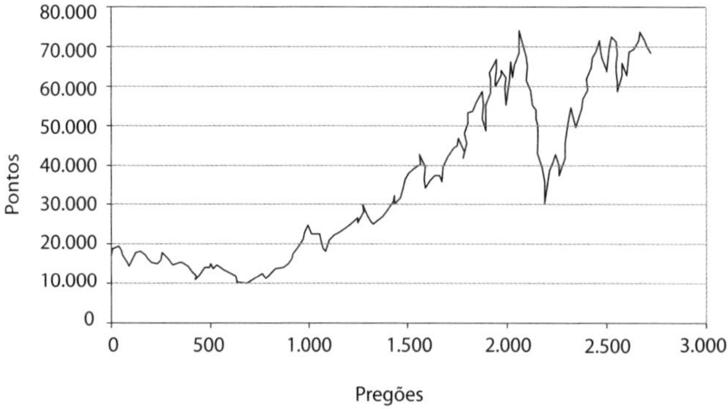

Fonte: Bovespa (www.bmfbovespa.com.br).

Figura 28 - Histograma - Ibovespa 2000:2010

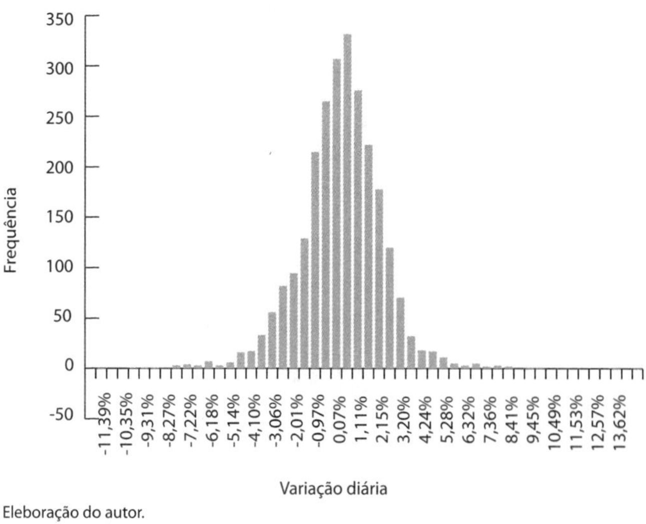

Eleboração do autor.

Capítulo 5

Bolhas e crises

Formigas, cigarras e gafanhotos

Martin Wolf, hoje talvez o mais importante colunista do *Financial Times*, deu recentemente uma visão geral do estado da economia mundial no final de 2010. Sua história começa com o conto das cigarras e formigas adaptado aos dias de hoje. As cigarras são os americanos, que não param de consumir, e as formigas, os asiáticos, que produzem demais e estão sempre com excedentes de poupança. Só que, nesse conto, as formigas dependem das cigarras, pois elas não consomem o que produzem nem no inverno! Ou seja, sem o consumo das cigarras o formigueiro para. Há também os gafanhotos, que representam o pessoal do mercado financeiro. Fora de controle, destroem toda a plantação e não deixam pedra sobre pedra, um pouco do que vimos por lá na crise de 2008. É claro que são importantes para o ecossistema ao financiar a produção, gerar liquidez, fornecer *hedge* etc., mas, fora de controle, uma nuvem dessas acaba com formigas, cigarras e tudo o mais!

Para Wolf, essa nuvem de gafanhotos surgiu nos últimos anos a partir da desregulamentação dos mercados financeiros, da política de juros extremamente baixos e por equívocos monumentais da ciência econômica. Achava-se que um gafanhoto sempre produziria resultados ótimos, no *matter what!* A ideia de racionalidade dos mercados e a noção de que um regime de metas de inflação (grande moderação) é suficiente para manter a estabilidade de uma economia caíram por terra. E contribuíram muito para a crise de 2008. As formigas asiáticas também ajudaram, pois pouparam demais, acumulando quase US$ 5 trilhões em reservas cambiais. Ao usar esses recursos para comprar títulos públicos americanos, acabaram forçando as taxas de juros para baixo, contribuindo para a festa das cigarras americanas! E estas agora estão todas mortas! Consumiram como se não houvesse amanhã, nem inverno e agora morrem de fome.

Bom, para onde vamos? A Ásia vai muito bem de novo. Crescimento forte, com destaque para as políticas chinesas que foram capazes de mudar um pouco o eixo do crescimento para o mercado interno, especialmente investimento doméstico. A Índia caminha para ser uma nova China e deve crescer perto de 9% em 2010. A América Latina também vai muito bem. E viva o Brasil, que cresceu perto de 8% em 2010, a maior taxa desde 1986. Nossos *hermanos* Argentina e Uruguai vêm crescendo no vácuo. O G-7 do mundo emergente segue bem de modo geral. Brics mais Indonésia, México e Turquia. Só que o mundo emergente é ainda muito pequeno para puxar o crescimento mundial. O problema está, como sabemos, no mundo desenvolvido. A Europa vai muito mal; os EUA, mais ou menos; o Japão, com problemas; e a Alemanha se vira bem, mas depende muito do euro.

Como bom britânico, Martim Wolf desdenha um pouco do resto da Europa. Acha que há chances, inclusive, de rupturas na zona do euro. A Grécia deve mesmo dar calote, e Portugal e Espanha vão na sequência. Existe aqui uma importante diferença entre grandes e pequenos endividados. Os grandes, especialmente EUA e Japão, vão continuar com dívidas crescentes e juros cadentes, pois seus passivos têm aceitação incondicional. Já os pequenos terão muitos problemas, e uma série de *defaults* é bem provável. Os europeus socorrerão seus fracos, que representam pouco em tamanho de PIB, mas, ainda assim, a Europa, pelos próximos 10 anos, nem pensar.

Estes são temas ainda da maior importância. O mundo hoje continua correndo risco de deflação, e não de inflação, o que nos ajuda por aqui em tempos de superaquecimento. A briga dos EUA com a China sobre a política cambial vai esquentar. Os chineses não querem mudar sua política de câmbio subvalorizado, que os catapultou para o segundo lugar no *ranking* de economias do mundo. Os americanos vão revidar com guerra tarifária. Já que os chineses não deixam a moeda se apreciar, os americanos tributam seus produtos! Esse movimento deve contribuir para uma desvalorização do dólar no mundo. Por fim, vale ressaltar a conclusão de Wolf. A grande crise de 2008 representou o final da era dourada do Ocidente. Economias com maior presença do Estado, como China e Índia, serão agora a bola da vez. O novo século que se abre será do Oriente, que tenta recuperar o terreno perdido desde o final do século XIV.

Como lucrar com a bolha americana

O episódio da bolha imobiliária americana que estourou em 2008 é um belíssimo exemplo de funcionamento dos mercados financeiros e de como se ganhar ou perder dinheiro investindo nos mercados de ações, títulos e derivativos. Alimentada por uma expansão violenta do crédito, pela política de juros baixos de Alan Greenspan e pela desregulamentação financeira dos últimos 20 anos, a bolha de preços de imóveis nos EUA significou um aumento de mais de 100% (em alguns casos, 200% até!) no preço das casas e apartamentos. A criação de hipotecas de segunda linha (*subprimes*) permitiu que pessoas sem renda, sem emprego e sem patrimônio pudessem receber crédito para comprar casas a partir de uma complexa engenharia financeira que dependia basicamente do aumento permanente de preços dos imóveis. O mecanismo funcionou muito bem no período que vai de 2003 até 2007, quando a bolha estourou, dando origem a uma devastadora crise financeira que se arrasta (em menor grau) até hoje.

A crise de 2008 teve início no segundo semestre de 2007. Muitas das hipotecas subprime criadas no auge da euforia em 2005 eram verdadeiras ratoeiras. Nos dois primeiros anos, o devedor pagava uma taxa de juros muito baixa (ou até zero em alguns casos). Depois de dois anos, gatilhos que passavam a taxa de juros desses contratos para 8% ou 10% ao ano eram acionados. Se o devedor desse calote nos dois primeiros anos, o banco ficava com parte do ganho de aumento de preço do imóvel e forçava o devedor a renegociar o empréstimo com outro banco. A lógica para a criação desses contratos é que nos dois primeiros anos da hipoteca o banco podia ganhar com o aumento de preço dos imóveis, e supunha-se que uma renegociação com outro banco seria sempre possível.

Quando a bolha estourou de fato, várias instituições quebraram ou foram salvas pelo governo americano. Destaque para os conhecidos casos da Lehman Brothers e Bear Sterns. Mas o que muita gente não sabe é que alguns investidores ficaram milionários ao entender a dinâmica de geração da bolha e investir sabiamente no setor. O fundo americano Cornwall Capital, por exemplo, tinha aproximadamente US$ 200 milhões em 2007 em seguros contra um possível calote das hipotecas no mercado imobiliário americano. Em questão de dias o valor individual desses seguros pulou de US$ 600 mil para US$ 6 milhões. Outros fundos ganharam também fortunas para seus gestores e clientes.

Em 2007, o mercado financeiro americano finalmente acordou para o valor real das hipotecas e das casas, que havia sido inflado durante a bolha. Nos três anos que se seguiram, de 2004 até 2007, os seguros contra um calote no mercado de crédito imobiliário tinham pouquíssimo valor. Apenas alguns fundos visionários compraram posições nesses ativos por acreditar que o mercado como um todo estava precificando mal as hipotecas e derivativos associados. Investidores com tradição fundamentalista no mercado de ações estavam por trás dessas apostas que no final se mostraram ganhadoras. Frontpoint Partners, Cornwall Capital e Scion Capital foram alguns dos fundos mais famosos que fizeram milhões com a crise do subprime. Os fundos Cornwall Capital (um fundo do tipo *garage band* ou "fundo de quintal") e o fundo Scion Capital se especializaram na compra de CDS de CDOs, ou seja, compravam seguros contra calotes de títulos cujo lastro eram hipotecas. Se o devedor da hipoteca desse um calote, o título associado à hipoteca perdia valor, e o seguro contra esse título passava a valer muito. O fundo Frontpoint Partners vendeu a descoberto tudo que se relacionava ao mercado de hipotecas: ações de construtoras na bolsa, ações das agências que faziam o *rating* das hipotecas (Moodys etc.), além de comprar também seguros contra a queda de preços dos CDOs.

Ao identificar a distorção do mercado imobiliário e de hipotecas nos EUA, os gestores desses fundos apostaram de maneira obstinada numa eventual correção de preço dos ativos. Em algum momento os preços de mercado refletiriam o real valor das casas e hipotecas. Ao comprar derivativos que funcionavam como seguros contra um acidente nos preços dos imóveis, esses gestores montavam posições ultrarrentáveis no caso de uma correção do mercado de imóveis (queda dos preços e estouro da bolha). Enquanto os preços subiam e a bolha inflava, sofriam com quedas no valor das cotas dos fundos, saques e constantes reclamações dos clientes. O fundo Scion Capital, por exemplo, foi obrigado a congelar resgates por seis meses, devido à iliquidez de seus ativos no momento de alta dos preços dos imóveis.

Na euforia da bolha, todo o mercado era vendedor de seguros contra problemas nos preços dos imóveis. Ninguém queria comprar um derivativo que funcionava como um seguro contra estouro de bolha imobiliária. Pois bem, quando veio o estouro, os poucos investidores fundamentalistas que acreditavam no ajuste ficaram milionários, bem como seus clientes que acreditaram até o final na estratégia. O fundo Cornwall Capital começou com US$ 100 mil e ganhou mais de US$ 100 milhões em apenas três anos. O fundo Scion Capital fez um lucro de US$ 720 milhões a partir de um portfólio de US$ 550 milhões apenas em 2007. O fundo Frontpoint Partners mais do que dobrou seu patrimônio de US$ 700 milhões para US$ 1,5 bilhão também em 2007. Eis um belo exemplo de como o mercado pode errar durante anos na precificação de um ativo, mas eventualmente acabar acertando. O preço do ativo financeiro se descola do valor real, devido a manias, bolhas e euforias ou depressões e pânicos, até que chega o momento do ajuste. Muitas vezes o mercado erra para cima, muitas vezes erra para baixo, dando pouco valor ao que de fato vale. Alguns poucos investidores conseguiram ver o que a maioria das pessoas não via, inclusive os técnicos do FED e do Tesouro americano. Ficaram ricos.

Crise do euro

Muito tempo atrás havia na Europa uma periferia pobre, composta basicamente de Portugal, Espanha, sul da Itália e Grécia, e um centro rico: Alemanha, Bélgica, França, Holanda e norte da Itália. Os ricos do Norte resolveram ajudar os pobres do Sul, também visando o autointeresse, claro. A ideia era a seguinte: integrar os pobres do Sul criando uma fronteira de investimentos importante para os capitais do Norte. A Inglaterra assistiu de camarote. O mercado consumidor dos Pigs poderia representar e representou uma fonte de lucros e expansão para os capitais do Norte. Para transformar esses tais Pigs em consumidores de fato, alguns truques foram necessários. Primeiro, dar-lhes uma moeda estável, com credibilidade e juros baixos. A adesão ao euro significou uma brutal queda na taxa de juros desses países. Daí para a bolha de consumo e a bolha imobiliária foi um passo.

Os consumidores portugueses, gregos e espanhóis se atiraram às compras. O setor imobiliário voou. A costa do sol espanhola, meu deus! Nunca tinha visto tanta construção desde a invasão dos mouros no ano 700. O *boom* imobiliário da costa mediterrânea passou a rivalizar com o *boom* de Córdoba no século X, a cidade mais importante da Europa. Enquanto os espanhóis mantiveram suas contas públicas sob relativo controle, os portugueses e gregos se especializaram em tomar dívida pública também. Na Grécia, as Olimpíadas; em Portugal, a Expo 98 e a Eurocopa. A festa foi bonita pá. Tudo isso gerou muito dinamismo para a Europa como um todo, que voltou a crescer no período 1990-2006, e para os Pigs em especial, cuja renda *per capita* dobrou. A convergência para o euro foi espetacular. Juros caindo, crédito dobrando, renda *per capita* dobrando, PIB crescendo. Ou não foi?

A Irlanda, o tigre celta, seguiu um caminho parecido. Aproveitou a proximidade com a Inglaterra e virou um *gateway* barato para o mundo anglo-saxão. Juro baixo, mão de obra barata e crédito farto também estavam presentes na festa irlandesa. Assim como os espanhóis, mantiveram o gasto público sob controle. O endividamento que explodiu mesmo foi o privado. Depois da crise, a coisa mudou, claro. Os governos espanhol e irlandês começaram a fazer gasto público para tentar segurar a demanda agregada e o PIB. Não deu. A arrecadação minguou e o déficit público explodiu. Em 2010, a Irlanda deve fechar suas contas com um déficit público de mais de 30% do PIB! E na Espanha a dívida pública e privada soma hoje 270% do PIB! Para não dizer das taxas de câmbio reais, que estão todas desalinhadas.

E como estamos hoje? Passada a euforia de renda *per capita* dobrada, explosão imobiliária e de infraestrutura, ficaram as contas para pagar. Os setores privado e público dos Pigs estão ultraendividados, e a economia, estagnada. Só que, onde não há produção e renda, não dá para pagar as contas. Então, ficamos assim: o desemprego aumenta, a produção para e a renda fica estagnada. E, segundo os keynesianos, o governo deveria entrar em cena para tentar reativar a economia, fazendo especialmente investimento público. Só que os governos dos Pigs não podem mais fazer política econômica! Abriram mão da política cambial (não têm mais moeda), não podem fazer política fiscal, estão endividados até o último fio de cabelo, e a política monetária é do Banco Central Europeu.

Aliás, inventaram uma situação bizarra, em que há integração monetária, mas não há integração fiscal. Se uma "unidade da federação" quebra, os outros membros não querem socorrer. Como analisou recentemente Paul Krugman, seria uma situação de quebra hipotética de um estado americano (Califórnia, Texas?) em que o governo central se recusa a socorrer. Imagine a situação do Texas, sendo expulso da federação americana porque se endividou demais (setores público e privado) e agora não tem como pagar. Na Europa pode acontecer isso. Se os alemães e holandeses se cansarem, vão mesmo é expulsar os gregos, portugueses e irlandeses da zona do euro. O problema aí será o efeito dominó chegar nas superendividadas Espanha e Itália. Faz sentido uma zona do euro sem esses países?

Moral da história: a integração do euro deu certo de 1990 até 2008. Tem dado errado a partir de então. Como fica o futuro? Existem duas opções bem claras: na primeira, o Norte rico da Europa socorre os primos pobres do Sul que fizeram uma megafesta e deram muito lucro. Nessa opção, o BCE continua comprando dívida dos Pigs, e o mercado de capitais europeu vai reciclando lentamente essas dívidas. É uma opção lenta, bem lenta. Nesse esquema os Pigs ficam estagnados por mais uma meia dúzia de anos até que seus preços caiam e as dívidas diminuam. Uma espécie de deflação e reestruturação penosa de dívidas assistida pelo Norte. Desemprego nas alturas e taxas de crescimento anêmicas.

A segunda opção seria a saída dos Pigs da zona do euro para posterior regresso. Nesse caso, as moedas de Portugal, Espanha, Grécia e Irlanda seriam desvalorizadas, e os governos recuperariam a capacidade de fazer política econômica. Também seria uma saída traumática, pois haveria um problema gigantesco de reconversão de dívidas em euro para as moedas locais. Mas, resolvido o problema estático, essas economias recuperariam a capacidade dinâmica de gerar renda, produção e emprego. Na primeira opção evita-se o problema estático da reconversão de dívidas, mas as economias dos Pigs ficam travadas dinamicamente. Não há solução fácil para curar essa megarressaca.

Bola da vez

A crise da zona do euro tende a se desdobrar como uma velha novela assistida aqui na América Latina nos anos 1980 e 1990. Chile, México, Argentina e Brasil, endividados, ficavam negociando com o FMI em busca de empréstimos para fechar as contas. O FMI só emprestava sob condições de ajuste fiscal e austeridade, não entregava dinheiro fácil. Só conseguia empréstimos quem ajustava as contas, cortava gastos etc. Quem não fazia a lição de casa não ganhava. Era o velho jogo do *confidence building*. Países endividados tentando convencer mercados e FMI da sua capacidade de honrar pagamentos e se ajustar. Soa familiar?

Na Europa de hoje, Grécia, Irlanda, Portugal e Espanha fazem às vezes da América Latina. Precisam desesperadamente de empréstimos do mercado, do FMI e do BCE. Na Espanha e na Irlanda, o endividamento foi primordialmente privado; o problema se concentra nos bancos e no estouro da bolha imobiliária *à la* EUA. Em Portugal e na Grécia soma-se a dívida pública à privada por conta de Olimpíadas, Eurocopa etc. Então, o jogo dos Pigs com os ricos do Norte será o seguinte: ou vocês nos emprestam dinheiro rápido e barato ou saímos da zona do euro e todo mundo dança. E os ricos do Norte retrucam: ou vocês arrumam a casa, resolvem a picaretagem da contabilidade pública, cortam gastos, se ajustam etc., ou não emprestamos dinheiro. Vocês que saiam do euro, e todos dançamos.

O problema econômico transcendeu agora para o plano político. É uma decisão dos ricos ajudarem os pobres e sob quais condições. A reciclagem da dívida dos Pigs depende dessa benevolência condicional do BCE e da Alemanha. Uma negociação dura para ambos os lados, pois todos sabem que o desmantelamento do euro será a pior solução para todos. Mas a negociação não será fácil, pois os ricos do Norte não querem um euro contaminado pela gastança do Sul. E os pobres do Sul sabem que a festa deles gerou muitos ganhos para o Norte. Nos próximos meses, talvez anos, a história europeia será a mesma: sem dinamismo, sem crescimento e com o risco da dissolução da área monetária indo e voltando, a Europa será durante um bom tempo fonte de volatilidade da economia mundial.

Nessa dinâmica de bola da vez há um risco muito grande de esses países quebrarem de fato (isto é, calote público e privado ou reestruturação de dívida). Mesmo que os ricos do Norte queiram ajudar para evitar o desmoronamento do euro, podem ocorrer dinâmicas de dissolução política, corridas bancárias e fugas de capital, fora do controle das autoridades domésticas e externas. O problema político na Irlanda é hoje enorme. Em Portugal, a rotação de governos tem sido impressionante. Então pode ocorrer uma situação em que os Pigs, mesmo querendo ser ajudados, não conseguem se mobilizar politicamente. Greves gerais, ruptura no parlamento quanto à votação de orçamentos, e assim por diante. Já dizia minha avó: "em casa que falta o pão, todo mundo briga e ninguém tem razão!" Nos anos 1990, todos os países que foram bola da vez acabaram eventualmente caindo: México, 1995; Tailândia, Malásia, Indonésia e Coreia, 1997; Rússia, 1998; Brasil, 1999; Argentina, 2002. Será que a história se repetirá?

Crise-relâmpago

Os órgãos reguladores de mercado nos EUA (SEC e CFTC) publicaram recentemente um relatório sobre a investigação da crise-relâmpago ocorrida em 6 de maio de 2010. Não foram terroristas, não foi um dedo gordo, muito menos um *trader* incompetente. Foi a venda rápida de um grande bloco de contratos futuros de um fundo. Um algoritmo de alta frequência descarregou no mercado US$ 4,1 bilhões em 20 minutos, o que acabou desencadeando uma reação em cadeia nunca antes vista. O *crash* se iniciou nos futuros de S&P e depois se alastrou para a New York Stock Exchange (NYSE). O estrago continuou até que finalmente entrou em cena um "estabilizador automático" da bolsa de futuros, que suspendeu os negócios por cinco segundos. Depois do ocorrido, a bolsa americana avisou que está ampliando a quantidade de *circuit breakers* do sistema e que estuda a colocação de limites de velocidade nos negócios de alta frequência.

Até que essa indústria se consolide de fato, muita gente ainda vai perder dinheiro. Imagine uma conexão direta com o *backbone* da bolsa que lhe permita fazer centenas de negócios em frações de segundo. Centenas de compras ou vendas em um segundo. Imagine um robô capaz de comprar R$ 100 milhões de Petrobras em segundos. Imagine que o programa sofreu um *bug*, e o robô executou ordens erradas, comprando todas as Petrobras acima do preço de mercado em poucos segundos. A corretora não percebeu, a bolsa também não percebeu. Lógico, as operações são feitas em frações de segundo. Não dá para perceber mesmo. Todas as compras foram feitas em ambiente de mercado com legítimos compradores e legítimos vendedores. Não há por que desfazê-las. Quem ficou com o prejuízo? O robô maluco, obviamente. Só que na indústria de alta frequência, por definição, não dá para ir devagar. As ordens são instantâneas e cada erro pode custar milhões. Como diz um amigo, temos tecnologia, sim, para andar a 300 km por hora, mas os riscos de se locomover nessa velocidade são altíssimos!

Será que a indústria brasileira está preparada para isso? A parte mais fácil nessa cadeia é construir o motor. Ou seja, montar um sistema plugado à bolsa capaz de executar ordens diretas no *backbone* em alta frequência. Com algum conhecimento de programação e uma infraestrutura bem barata, pode se fazer isso sem dificuldades. Está ao alcance de milhares de gestoras. E as corretoras que ganham com isso vão estimular a indústria, sem dúvida. E também a bolsa, que depende desses *fees* para sobreviver. O problema é que é fácil montar o motor de 400cv, mas e os freios? Para que tudo isso funcione, os sistemas de controle de risco de *assets*, administradores, corretoras e bolsa devem estar muitíssimo bem desenvolvidos.

Será que estão? Como disse um analista certa vez, trata-se por enquanto de se jogar roleta russa para se ganhar centavos. Ogivas nucleares estão espalhadas no mercado. Deus queira que sejam bem monitoradas e que os sistemas de risco evoluam rapidamente nesse setor, *otherwise* assistiremos ainda a muitos acidentes de percurso até que o homem possa voar.

Bolha em construção no Brasil?

A evolução de algumas variáveis macro brasileiras em 2010 aponta para uma típica dinâmica de bolha em construção. A relação crédito/PIB aumentou de 25% para 50% e tem potencial para chegar pelo menos aos 80%. A taxa de câmbio se apreciou fortemente desde a crise, e a bolsa recuperou parte das perdas de 2008, subindo 100% desde janeiro de 2009. O déficit em conta-corrente vem aumentando e deve passar de 2% do PIB em 2010. Os preços dos imóveis têm subido muito. Como saber até onde vai esse processo e para quanto a bolsa pode subir? Duas variáveis macro são fundamentais aqui: o nível de crédito sobre o PIB e o déficit em conta-corrente. No caso dos Pigs (Portugal, Itália, Grécia, Espanha), vimos que a bolha estourou quando o déficit em conta-corrente ultrapassou a casa dos 8% do PIB e a relação crédito/PIB já ia na casa dos 150%. Na Ásia da crise de 1997, os déficits em conta-corrente estavam na faixa de 8%-10%, também acompanhados de ampla expansão do crédito. Nessa dinâmica, o crédito aumenta muito, inflando preço de imóveis e ações.

Na Tailândia, Indonésia e Malásia dos anos 1990 foi exatamente o que se observou: uma explosão imobiliária (Petronas Towers), subida vertiginosa do mercado acionário, forte crescimento do PIB e expansão do crédito. O estouro veio em 1997.

No caso da Espanha e Portugal, a história não foi muito diferente: depois da entrada na zona do euro houve uma queda nas taxas de juros que alimentou o *boom* da construção, consumo, endividamento, aumentos de preços e grandes déficits em conta-corrente. A debacle veio em 2008, junto com a crise americana. E já que falamos dos EUA, não custa lembrar também o longo período de juros baixos da era Greenspan, que criou uma das mais belas bolhas imobiliárias da história. O déficit em conta-corrente americano foi para 7%, e a relação crédito/PIB passou dos 140%. Aliás, também assim foi no Japão.

O Brasil parece estar iniciando um processo desse tipo. O aumento de crédito por conta da queda do juro real para 6% ao ano já provocou uma bela subida em preços de imóveis. O consumo e as importações crescem com força, abrindo o déficit externo. Aumentos de vendas, de massa salarial e de PIB continuarão a ser observados por aqui, enquanto a onda de expansão do crédito durar. O preço dos ativos certamente acompanhará esse ciclo, especialmente ações. O que vai determinar aqui se teremos uma grande bolha ou não será o crescimento da renda e do crédito. Se as políticas distributivas e os aumentos de salários forem capazes de criar uma dinâmica de crescimento baseado no aumento da renda, a probabilidade de bolha diminui. Se o crédito for o motor do crescimento, as coisas se complicam. De todo modo, os preços das empresas no país devem continuar a subir, e, se houver bolha, a pergunta de US$ 1 milhão é saber quando a bolha já inflou totalmente, esgotando as possibilidades de ganho. Os indicadores macro de hoje ainda apontam para bons ganhos futuros. Não é hora de sair de bolsa e de Brasil agora. Se o mundo continuar ainda relativamente estável, há grandes chances de ganhos por aqui.

Dissolução de uma zona monetária

Como seria uma saída traumática de Portugal, Itália, Grécia e Espanha da zona monetária? Traumática. Imagine que você é um investidor com recursos líquidos (CDBs, títulos públicos, títulos privados) hoje em algum desses quatro países. Seu dinheiro está estacionado em algum banco português, espanhol ou italiano, ou ainda em títulos públicos desses governos fanfarrões. E existe um risco considerável de quebra de padrão monetário, ou seja, você vai dormir com euros e acorda com escudos e pesetas! O que você faria hoje, com a escalada de tensão no mercado mundial? Sacava tudo e mandava para outro país: Alemanha, EUA, América Latina. Eis aí uma corrida bancária acompanhada de fuga de capitais. Nos momentos de desespero, como nos ensinava o velho Keynes, os agentes correm desesperadamente para ativos líquidos. Ouro, moedas fortes etc. Se o euro persistir numa crise dessas, o que parece mais provável, será também um repositório natural das riquezas de portugueses, espanhóis, gregos e irlandeses, contanto que esses recursos fiquem na Alemanha, é claro!

Uma situação extrema como essas poderia acontecer? Poderia. Os europeus estão brincando com coisa séria. Depois que a corrida bancária e a fuga de capitais são desencadeadas, fica muito difícil segurar. Lembremo-nos dos casos de México, Brasil e Argentina nos anos 1990. Aliás, o caso argentino é bem ilustrativo. Quando os argentinos descobriram que um peso não era igual a um dólar, correram para o banco para tentar sacar os dólares. Só que obviamente não havia uma quantidade de dólares suficientes para honrar todos os pesos existentes na economia argentina, criados via crédito.

Corralito! Todos entraram no curral tentando converter seus pesos em dólar! No final das contas, viram que um peso valia mesmo era US$ 0,33! No caso europeu a situação é mais complexa, pois as moedas antigas foram abolidas de fato. E os BCs nacionais não podem mais emitir para socorrer uma corrida bancária. Quem socorre, então? O Banco Central Europeu.

Se o Banco Central Europeu quiser estancar a crise de vez terá que embarcar o quanto antes num programa de afrouxamento monetário à la EUA e Reino Unido. Aliás, a recuperação nesses dois países será e tem sido bem mais rápida, pois uma política monetária expansionista e uma desvalorização cambial ajudam demais nessa hora. Então, além daquele fundo enorme que fizeram, os europeus teriam que vir a público agora e dizer: "nós vamos emitir 1 trilhão de euros para socorrer os Pigs. Ninguém vai quebrar, pois o BCE comprará, usando moeda emitida, todos os títulos duvidosos que correm por aí". Loucura? Foi exatamente o que o FED americano fez! E não bastassem os US$ 2 trilhões que emitiram, estatizaram ainda a GM! E entraram no capital de todos grandes bancos americanos! Ah, mas a Europa conservadora não fará isso. Que sacrilégio!

Os austeros alemães, com sua tradição monetarista do Bundesbank, vão agora emitir para financiar Pigs fanfarrões? Os cortes de salários, o sacrifício do povo alemão durante esses últimos 15 anos, para quê? Para financiar gregos, portugas e espanhóis gastadores? Veraneio na Costa do Sol? Porre de vinho do Porto? Olimpíadas em Atenas? Eles que se virem para curar essa ressaca e pagar as contas. A Europa rica do Norte vai estender a mão aos pobres do Sul? Não? Até porque a zona do euro pode continuar sem eles. A Europa do leste poderia entrar, formando uma nova periferia para investimentos. Os Pigs mesmo poderiam voltar depois com câmbios mais desvalorizados a se reintegrar na zona do euro. Qual será o desdobramento dessa zona?

Sobre a bolha chinesa

Vale a pena ler o livro *Boombustology*, de Vikram Mansharamani, professor de Yale e *practitioner* do mercado acionário. Mais um livro que trata de bolhas, é verdade. Não chega nem perto do clássico *Crashes, manias and panics*, de Kindleberger, mas ainda assim vale a pena ler. A análise da possível bolha chinesa é interessante. E há os *updates* das mudanças recentes na teoria econômica. O livro se baseia num curso popular que o autor leciona em Yale e que procura identificar bolhas. Aliás, o subtítulo do livro é *Spotting financial bubbles before they burst*: essa é a arte da boombustologia.

A abordagem parte de cinco perspectivas atuais e inspiradoras para tentar detectar as bolhas e o mistério por trás de seu funcionamento. São elas: microeconomia, macroeconomia, psicologia, política e biologia. Na microeconomia, o autor defende o uso da teoria da reflexividade de George Soros (*perception affects reality as much as reality affects perception*). Nesse registro, o mercado financeiro está longe de ser eficiente. Funciona muito mais com dinâmicas de expectativas eufóricas ou depressivas. Os preços de mercado estão mais para uma ilusão do que para um retrato adequado dos fundamentos. Oscilam, na verdade, entre movimentos de autocorreção em direção aos fundamentos e profecias autorrealizáveis baseadas em expectativas.

A macroeconomia defendida pelo autor é basicamente a minskiana. Estabilidade cria instabilidade. Em momentos de calmaria, os agentes econômicos se alavancam e assumem risco, trazendo instabilidade ao sistema. Ao longo do tempo, estruturas de financiamento do tipo *hedge* vão-se tornando especulativas e depois Ponzi. Depois de um longo ciclo de estabilidade, a alavancagem do sistema se torna insuportável. O crédito explode, o preço dos ativos dispara, e todos se endividam. Eventualmente essa dinâmica chega ao fim, e o sistema entra numa espiral de deflação e tentativa de redução de débitos. O preço dos ativos desaba, a economia entra em recessão, o desemprego aumenta etc. Da psicologia o autor empresta vários conceitos para derrubar a ideia de forte racionalidade dos agentes econômicos. Faz uma boa leitura da contribuição de Kahneman (Prêmio Nobel de Economia), que não deixa pedra sobre pedra na teoria de racionalidade da microeconomia tradicional. Da perspectiva de ciência política traz uma análise curiosa das distorções causadas pelo governo na economia, seguindo uma inspiração da literatura de direitos de propriedade. E, por fim, empresta da biologia o ferramental de análise das epidemias para aplicar ao estudo da economia e das bolhas. Fica um *pot-pourri* interessante de teorias. Ajuda, sim, a entender o mundo econômico. Depois vêm os estudos de caso. As grandes bolhas observadas na história, vistas a partir dessas lentes. Bolha das tulipas na Holanda, crise de 1929 e a Grande Depressão, a bolha japonesa, a crise asiática e, por fim, a bolha imobiliária americana, que resultou na gigantesca crise de 2008. São análises rápidas e concisas.

Depois de analisar esses casos, nosso amigo Vikram lança seu olhar para a China de hoje. Existe, sim, grande chance de a bolha chinesa estourar. E não seria bonito de ser ver, pois o *boom* brasileiro depende visceralmente do *boom* chinês.

Quais são os ingredientes típicos de uma bolha que encontramos na China de hoje?

- dinheiro barato e juros próximos de zero ou negativos;
- crédito em explosão, com volumes multiplicados por cinco vezes nos últimos oito anos. O volume de crédito criado por lá nos últimos anos foi de US$ 2,7 trilhões, sendo US$ 2 trilhões depois da crise de 2008;
- preço dos imóveis em alta. Nos últimos 10 anos, triplicou a relação entre preço dos imóveis e renda das famílias;
- evidências anedóticas: 20% da produção chinesa de aço estão sendo usados para produzir mais siderúrgicas na China! O maior *shopping center* do mundo. Cinco dos 10 maiores prédios do mundo estão sendo construídos na China nesse momento;
- enorme excesso de capacidade instalada e taxas de investimento agregado na casa de 50% do PIB;
- mercado de arte mundial bombando, devido às compras chinesas. Mais uma evidência anedótica: recentemente um Picasso teria sido vendido por mais de US$ 100 milhões para um chinês em Nova York;
- mais evidências anedóticas: chineses comprando garrafas de Chateau Lafite por mais de US$ 200 mil;
- em termos absolutos, os preços de imóveis em Beijing subiram de 350% a 900% entre 2003 e 2010.

A adrenalina que está sendo injetada pelo FED nos EUA vai parar na economia chinesa, que opera com câmbio fixo e sofre uma enxurrada de capital. O governo chinês, coitado, tenta segurar com os controles de capital e compra de reservas, que já vão em US$ 3 trilhões. Mas não consegue. Muita grana tem entrado na China por vários canais lícitos e ilícitos. Os típicos ingredientes para formação de bolhas estão lá. Crédito farto, juros baixos, excesso de confiança, alavancagem e endividamento das famílias, bancos e governos locais, má alocação de capital e excesso de capacidade, euforia. Todos os asiáticos de rápido crescimento já tiveram suas bolhas (Japão, 1990; Tailândia, Coreia, Malásia, Indonésia, 1997). Será que a China terá a sua?

E o Brasil? Como se sairia numa situação dessas? Seria horrível. A grande onda brasileira de hoje é totalmente dependente da China e dos elevados preços de *commodities* para lá exportados. Nossa conexão com a China nunca foi tão grande. Mais de 15% das exportações brasileiras vão hoje para lá. O elevado preço das *commodities*, que nos segura, depende demais da situação chinesa. O efeito de contágio no Brasil por conta de uma debacle por lá teria proporções catastróficas, sem querer ser pessimista demais, *à la* crise de 2008. Nosso câmbio pularia rapidamente para cima de R$ 2, e a Bovespa derreteria devido à forte queda de preços de *commodities*. Nosso déficit em conta-corrente se agravaria rapidamente, a inflação levaria um choque, e por aí vai. Espero que não aconteça.

Capítulo 6

Um pouco de teoria

Anatomia de uma bolha macroeconômica

O economista e professor da Universidade de Cambridge, Gabriel Palma, analisou nos anos 1990 as rotas para as crises financeiras na Ásia e na América Latina. Num belíssimo texto intitulado "Três rotas para crises financeiras", Palma mostrou como México, Brasil, Argentina, Coreia do Sul, Malásia, Tailândia e Indonésia caminharam para uma grande crise externa nos anos 1990, com consequências dramáticas em termos de queda do PIB, desvalorização do câmbio, queda da bolsa etc. Em todas essas rotas, especialmente na Ásia, quatro vetores foram fundamentais: aumento explosivo dos déficits em conta-corrente; crescimento forte do crédito; bolha nos preços de imóveis; e bolha nos preços acionários. O motor dessas bolhas macroeconômicas foram principalmente a liquidez farta, a forte expansão do crédito doméstico e a queda dos juros reais. Eventualmente, o déficit externo atingiu níveis insuportáveis (5% do PIB ou mais) e, quando o fluxo de capital externo secou, todos caminharam para uma crise externa: México em 1995, Brasil em 1999, Argentina em 2001, Tailândia, Coreia, Malásia e Indonésia em 1997.

E, o Brasil de hoje preenche alguns dos requisitos. O déficit em conta-corrente vem aumentando num ritmo forte, com 2,5% em 2010 e, provavelmente, 5,5% em 2012. Nossas importações já crescem hoje perto de 40% ao ano. O crédito sobre o PIB já dobrou de 20% para 40% e tem tudo para atingir 80% nos próximos anos. Os preços imobiliários sobem de forma impressionante. Em São Paulo, computa-se já um aumento de 100% nos últimos cinco anos. E o preço das ações? Estes têm andado de lado, por enquanto. Como nossa bolsa tem muitas *commodities*, a exposição à economia mundial continua elevada. A bolha não apareceu ainda na Bovespa, mas, num repertório clássico de bolha geral macro, não há como os preços de ações não subirem. Uma boa aposta para os próximos anos no Brasil seria, então, acreditar nos vetores mostrados na figura 29. Surfar a subida de bolsa e sair antes do estouro da bolha.

Figura 29 - Anatomia de uma bolha

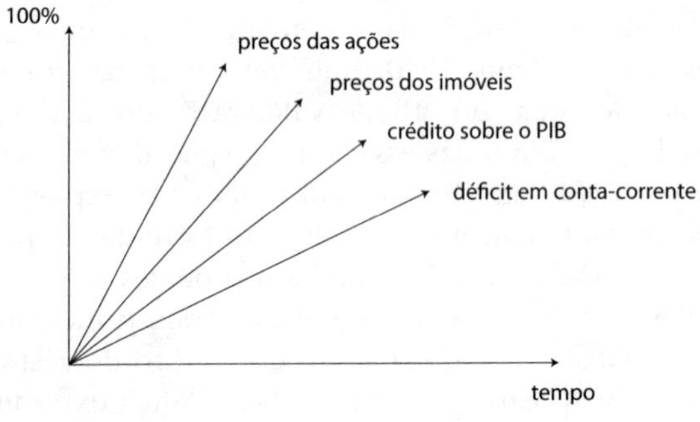

Elaboração do autor.

Nos casos de crescimento sustentado, a dinâmica macro é um pouco distinta. O motor do crescimento se dá via expansão de renda e não de crédito. Os superávits em conta-corrente são norma. Ou seja, o país cresce e acumula créditos com o resto do mundo. e não dívidas. Um setor público enxuto ajuda e um setor privado extremamente eficiente, também. Os exemplos mais conhecidos são Alemanha e Japão, no pós-guerra, e China, mais recentemente. Países que cresceram puxados pelo setor manufatureiro com vendas para o resto do mundo estão ainda entre os cinco maiores exportadores do mundo e acumularam vastas reservas cambiais por conta dos superávits em conta-corrente.

O caso japonês acabou mudando de rumo na metade dos anos 1980, com os acordos do Plaza e do Louvre. A apreciação orquestrada da moeda japonesa obrigou o BC a reduzir as taxas de juros para tentar estimular o consumo interno. A forte apreciação do iene, fenômeno conhecido à época como *endaka*, atrapalhou fortemente a indústria manufatureira japonesa. A redução dos juros estimulou a criação de bolhas no mercado imobiliário e acionário que acabaram por estourar em 1990, lançando o país numa estagnação que dura até os dias de hoje!

A crise de 2008 e os problemas da teoria macro

Várias vozes se levantaram contra a teoria econômica depois da debacle de 2008. A respeitada revista inglesa *The Economist* lançou um número especial em 2009 que tratava do colapso da teoria econômica. Vários livros a respeito do assunto foram escritos. Destaque para *The return of depression economics*, de Paul Krugman, *Animal spirits*, de G. Akerlof e R. Shiller, *Crisis economics*, de N. Roubini, e *How markets fail: the logic of economic calamities*, de John Cassidy. Cada um desses livros, a seu modo, tece pesadas críticas ao estado corrente da teoria econômica neoclássica e propõe alguns possíveis caminhos ou soluções. Em toda essa discussão, o regresso às ideias de Keynes é inevitável e, de uma forma ou de outra, os principais autores que tratam da crise de 2008 acabam dialogando com o velho mestre. Alguns dos pilares do pensamento keynesiano voltaram com força a partir do que se observou no estouro da bolha imobiliária americana. Vale destacar: a instabilidade das finanças; a racionalidade limitada dos mercados; e o não automatismo do pleno emprego.

Keynes destacou ao longo de sua obra três pilares teóricos sem os quais fica difícil entender o funcionamento do sistema capitalista. Primeiro, a ideia de que o comportamento dos agentes financeiros tende a ser instabilizador. Como viria a mostrar de maneira mais detalhada H. Minsky, seguindo Keynes, os agentes financeiros tendem a se comportar de maneira pró-cíclica, tomando risco nos momentos de *boom* e euforia, e entrando em pânico nos momentos de crise. Esse tipo de comportamento acaba criando mais instabilidade e volatilidade no sistema. Um desdobramento dessa ideia aparece na noção de racionalidade limitada diante de um futuro incerto. Na ausência de bolas de cristais para prever o que ocorrerá, os mercados constroem expectativas e convenções, com forte influência psicológica. Essas avaliações subjetivas acabam por influenciar o preço dos principais ativos no mundo e, por consequência, decisões de produção, gasto, investimento, emprego etc.

Keynes também chamava a atenção para a incapacidade de um sistema econômico gerar automaticamente pleno emprego.

O sistema de preços de uma economia não é capaz de restabelecer sozinho o pleno emprego de seus meios de produção. Vale dizer, se sobram trabalhadores num país, os salários não caem até o ponto em que aqueles possam ser reempregados. Diante desses três problemas, fica clara a necessidade de um Estado regulador, capaz de suprir as deficiências do mercado. Importante registrar aqui também que Keynes era um reformista, e não um revolucionário. Queria consertar o sistema, e não trocá-lo por outro.

Seguindo algumas dessas ideias, e incomodado com a incapacidade da teoria econômica atual para lidar com a crise de 2008, George Soros criou o Institute for New Economic Thinking (Inet) para ajudar a pensar os problemas da economia sob outras perspectivas. A ideia do instituto saiu de uma reunião de *brainstorming* promovida por Soros em setembro de 2009, nos EUA, com 25 economistas. O objetivo principal do instituto sediado em Nova York é mobilizar a nova geração de economistas para pensar novos ângulos e perspectivas para o estudo da economia, numa discussão aberta que possa também incorporar lições de outras áreas do conhecimento.

Em abril de 2010, reuniram-se no Kings College, em Cambridge, mais de 50 economistas para debater novos rumos para o pensamento econômico. Entre eles estavam Stiglitz e Akerlof, ambos ganhadores de prêmios Nobel, Robert Skidelsky, o biógrafo mais importante de Keynes, e Dominique Strauss-Khan, presidente do FMI. Os economistas presentes se dividiam em três correntes principais: os pós-keynesianos, que procuram resgatar as ideias originais de Keynes para o mundo contemporâneo, ignorando os descaminhos da atual teoria econômica *mainstream*; os novos keynesianos, que procuram ainda reinterpretar os problemas levantados por

Keynes, só que em termos da teoria econômica (neoclássica) atual; e por fim os behavioristas, que buscam solução para a teoria econômica fazendo uso da psicologia e finanças comportamentais. Os três grupos têm em comum a insatisfação com o estado atual do pensamento econômico e por isso buscam meios para tentar consertar ou reformular um conjunto de conhecimentos que se mostrou falho, que beira o inútil.

Vivam os retornos crescentes

As maiores fortunas na bolsa brasileira foram feitas com fábricas. Plascar, Forjas Tauros, Weg, Embraer estão entre as empresas cujo valor em bolsa aumentou cinco, 10, 20 e até 100 vezes. As empresas industriais têm uma característica comum não encontrada na maioria das empresas do setor de serviços ou no agronegócio, a saber, custos marginais de expansão decrescentes ou, no jargão do economista, retornos crescentes com economias de escala e escopo. O aumento de um turno de produção, por exemplo, ou a implantação de uma nova máquina na planta produtiva pode multiplicar em muitas vezes a capacidade de produção da indústria. Nos setores de serviços e agronegócio, o custo marginal de expansão tende a ser muito caro e acrescentar na margem pouca capacidade produtiva; são setores que sofrem com retornos decrescentes. Numa fábrica, a simples adoção de uma nova tecnologia pode muitas vezes duplicar ou triplicar o volume de produção total da planta. O mesmo não se observa em fazendas ou no comércio.

Do ponto de vista do investimento em bolsa, a mensagem dos retornos crescentes é bem clara. Fábricas têm maior potencial de multiplicação de valor do que empresas de outros setores, tudo o mais constante. Na hora de escolher seus investimentos, procure barganhas no setor industrial, de preferência. Do ponto de vista do desenvolvimento econômico, existem consequências interessantes também para os retornos crescentes. Observa-se, na história dos países, que aqueles que tiveram seu processo de crescimento puxado por produção industrial se desenvolveram mais. O grande exemplo do século XIX foi a Inglaterra, depois os EUA, no século XX, e a China, no início do século XXI. Não podemos nos esquecer também do Japão e da Alemanha do pós-guerra. Ainda nos anos 1970 e 1980, Coreia do Sul, Taiwan, Malásia, Tailândia e Indonésia são também bons exemplos. Ou seja, os casos mais bem-sucedidos de desenvolvimento econômico na história foram os de países que perseguiram a excelência fabril.

Como destacam alguns economistas, o crescimento econômico tende a ser um processo setor-específico, e não setor-neutro. O que você produz importa. Países que focam suas atividades em áreas de retornos crescentes convivem com maiores aumentos de produtividade ao longo do tempo, o que acaba resultando em maiores salários e mais crescimento. Se a produtividade aumenta, existe mais excedente para ser distribuído para o trabalhador, para o empresário, para o dono do imóvel e para o governo. Produtividade alta é a chave para uma renda *per capita* elevada, que significa riqueza econômica. Desenvolver atividades com retornos crescentes é um dos caminhos mais rápidos para atingir essa meta. A composição do PIB importa para o desenvolvimento econômico!

Chutando a escada

O divertido livro *Chutando a escada, estratégias de desenvolvimento numa perspectiva histórica,* publicado em 2003 pelo brilhante economista e professor de Cambridge, Ha-Joon Chang, fornece uma excelente referência para quem se interessa por lições da história para entender o mundo contemporâneo. A partir de uma rica e detalhada análise do papel do governo nos processos mais bem-sucedidos de industrialização, mostra como uma série de estratégias nacionalistas e protecionistas foi fundamental para alcançar o desenvolvimento econômico nos países hoje ricos. Os casos mais importantes analisados por Chang são a Inglaterra e os Estados Unidos, ambos considerados, equivocadamente, segundo o autor, exemplos de sucesso econômico promovido pelo liberalismo.

Chang demonstra, por exemplo, como uma série de medidas protecionistas inglesas nos séculos XV e XVI contra a próspera indústria de tecidos nos Países Baixos, especialmente em Bruges e Ghent, no que hoje é a Bélgica, foi fundamental para o desenvolvimento inglês. Medidas como a proibição de exportação de lã bruta da Inglaterra para o continente e fortes restrições à entrada de tecidos produzidos nos Países Baixos teriam sido fundamentais para estimular as tecelagens inglesas. Como argumenta Chang, a indústria têxtil, que seria depois a base da Revolução Industrial inglesa, só foi capaz de suplantar a potência dos Países Baixos a partir de uma miríade de ações de proteção e estímulo industrial de diversas monarquias inglesas, especialmente as de Henrique VII (1485-1509) e Elizabeth I (1558-1603), isto para não mencionar o mercantilismo ferrenho praticado pelo primeiro-ministro Robert Walpole (1714-1727) durante o reinado de George I (1714-1727).

O caso americano também é curioso. Alexander Hamilton, primeiro-secretário do Tesouro norte-americano (1789-1795), está entre um dos principais formuladores de medidas protecionistas que estimularam a instalação e o desenvolvimento da indústria manufatureira norte-americana. Seu conhecido trabalho *Reports of the Secretary of the treasury on the subject of manufactures* (1791) contém muitas das ideias que seriam depois formalizadas por Friedrich List (1789-1846) no argumento da proteção à indústria infante presente em seu trabalho *The national system of political economy* (1841). O projeto dos Estados Unidos, especialmente dos estados do Norte, se contrapunha frontalmente às recomendações do liberalismo inglês, que, segundo alguns americanos, era produzido para exportação, e não para consumo interno.

Um dos exemplos do fervor protecionista americano no século XIX encontra-se na Guerra Civil. Além da questão da escravidão, o outro estopim do conflito foi o embate entre o protecionismo da União, que representava as indústrias do Norte, e o liberalismo da Confederação, representando os interesses agrícolas do Sul. Abraham Lincoln teria sido eleito a partir do voto decisivo dos estados protecionistas, especialmente New Jersey e Pensilvânia. A vitória dos estados do Norte na Guerra Civil transformou os Estados Unidos num dos mais assíduos praticantes da proteção à indústria infante até a I Guerra Mundial.

Numa passagem curiosa do livro, Chang comenta a tentativa, em vão, de Thomas Jefferson de proibir a publicação dos *Principles of political economy and taxation*, de David Ricardo, nos Estados Unidos, já que, segundo análise de muitos americanos da época, tratava-se de uma obra excessivamente liberal. De fato, segundo Adam Smith, a melhor estratégia de desenvolvimento para os Estados Unidos estaria no aproveitamento da agricultura, sua vantagem comparativa natural, e não em práticas protecionistas para o desenvolvimento da indústria!

Chang analisa ainda outros exemplos. Destaca, na Europa, uma série de medidas de proteção à indústria nascente na França e Alemanha. O próprio trabalho de Friedrich List baseou-se muito na experiência americana. Antes de ter escrito seu famoso tratado sobre o assunto, List passou vários anos nos Estados Unidos estudando as práticas protecionistas americanas. No caso asiático, a assinatura dos chamados *unequal treaties* no século XIX, os quais, segundo Chang, se aproximam muito das regras atuais da OMC, impedia o uso de tarifas por parte das colônias, como na Índia, ou ainda nas chamadas semicolônias inglesas, como nos casos da China, Japão e Tailândia, entre outros. Ao tomar emprestada de Frederich List a expressão "chutar a escada", Chang chama a atenção para a postura dos países desenvolvidos, de dificultar ou até impedir o desenvolvimento de países mais pobres, que representam, obviamente, enorme potencial de competição para o mundo desenvolvido.

Depois de alcançar elevado grau de desenvolvimento, os países que promoveram o protecionismo passam a defender posturas mais liberais, já que suas empresas encontram-se em posições muito fortes para competir no mercado mundial. Chutam a escada para evitar que outros subam! O fim das Corn Laws na Inglaterra é um belo exemplo de medidas liberalizantes que acabaram por proteger as indústrias inglesas já estabelecidas. Ao estimular a produção de cereais no continente, os ingleses tentavam evitar o desenvolvimento das indústrias europeias, especialmente a francesa e a alemã, praticando o chamado "imperialismo de livre-comércio".

A importância das chamadas políticas de ITT, ou *industrial, trade and technology policies* nos termos de Chang, constitui, portanto, uma das principais explicações do sucesso dos países hoje considerados ricos. Obviamente o uso de políticas protecionistas para desenvolver a indústria nascente não garante o sucesso, como também inúmeros casos históricos demonstraram. A indústria aérea na África do Sul e na Indonésia é exemplo de fracasso, bem como a Lei da Informática no Brasil dos anos 1980. Não basta fomentar uma indústria. Ela precisa crescer, amadurecer e se tornar eficiente, como se observou no Japão, Inglaterra e EUA.

O livro *Chutando a escada* dá sequência ao trabalho que Ha-Joon Chang vem desenvolvendo na Universidade de Cambridge desde os anos 1980. Nessa linha de pesquisa, seus trabalhos são voltados para uma discussão crítica, tanto teórica quanto histórica, do papel do Estado no processo de desenvolvimento econômico. Mais recentemente, destacam-se os livros *Maus samaritanos* e *As 23 coisas que não te contaram sobre o capitalismo*.

Chang utiliza a expressão "maus samaritanos" para se referir à grande maioria dos economistas, especialmente os excessivamente liberais, que acabam atrapalhando o desenvolvimento econômico por conta de suas ideias equivocadas em relação ao tema. Ao restringir o espaço de ação dos governos nacionais e proibir a utilização de políticas que outrora foram responsáveis pelo desenvolvimento de países como Estados Unidos, Inglaterra, Japão etc., os maus samaritanos acabam dificultando o processo de desenvolvimento econômico dos países pobres.

Trata-se de um livro voltado para um público mais amplo. O tema principal do livro é a globalização, além da discussão sobre caminhos para o desenvolvimento econômico. O professor Chang escreve a partir de sua experiência na Coreia do Sul, o que dá ao livro um tom de autobiografia, especialmente no primeiro capítulo. Além da tradicional competência técnica e clareza de ideias do autor, o bom humor e as piadas, que, aliás, são do próprio estilo de Chang, são as principais características do texto.

Numa época de intensa discussão na OMC e acalorado debate entre os economistas brasileiros sobre o desenvolvimentismo que por aqui se instala, nada melhor do que uma ampla análise da experiência histórica para algumas lições importantes. Os trabalhos de Ha-Joon Chang são, portanto, uma contribuição inestimável para o debate atual e leitura obrigatória para aqueles que estudam o tema do desenvolvimento econômico.

Desindustrialização que preocupa

Os dados do Instituto de Estudos para o Desenvolvimento Industrial (Iedi) sobre conteúdo tecnológico de nossa balança comercial continuam apresentando aspectos preocupantes. Os produtos das atividades de alta intensidade da balança comercial apresentaram déficit recorde em 2010. A apreciação cambial e a demanda muito aquecida contribuíram para o déficit maior no complexo eletrônico. Quanto aos bens de média-alta intensidade tecnológica, o déficit também foi recorde em 2010. Nosso superávit em balança comercial está totalmente dependente de preços de *commodities*. Nossos termos de troca, a relação de preços entre o que vendemos e o que compramos do resto do mundo, estão no melhor nível dos últimos 10 anos! Nossas *commodities* valem ouro no mercado internacional. E as manufaturas que compramos estão baratas, graças à crise mundial.

A deterioração do nosso saldo comercial na faixa de média--baixa intensidade tecnológica também impressiona. Após atingir superávit no ano de 2006, esse saldo caiu até o déficit atual de US$ 6,4 bilhões. O segmento de baixa intensidade tecnológica, produtos simples e sem sofisticação, permanece capaz de atenuar os déficits das demais faixas e produz ainda superávit. As atividades industriais de produção de alimentos, bebidas e fumo contribuíram muito para esse superávit. As atividades madeireiras e de papel e celulose também tiveram papel positivo. Já o grupo das indústrias têxtil, de vestuário, couro e calçados, embora ainda com saldo positivo, continua com o saldo se deteriorando. São os efeitos da economia aquecida e do câmbio sobrevalorizado.

A figura 30 mostra a evolução de nossa balança comercial dividida por categorias tecnológicas (cálculos do Iedi). Chama a atenção o enorme déficit da indústria em 2010. O aumento das importações de bens industriais e a queda das exportações são contrabalançados por vendas de produtos agropecuários e de extração mineral. Basicamente, o Brasil vende *commodities* ao mundo para poder comprar bens manufaturados. Qual o problema dessa configuração de comércio externo? Em primeiro lugar, agrava nossa dependência do mercado de *commodities*, que em geral tende a ser mais volátil do que o mercado de manufaturados. No modelo atual de crescimento mundial com grande destaque para China e Índia ainda resta espaço para seguir essa estratégia. China e Índia compram *commodities*, ajudando nossa economia. Mas, num eventual desarme de crescimento dos Brics, poderíamos ter problemas. Ou, ainda, uma eventual queda brusca no mercado de *commodities* traria grandes problemas para nosso setor externo.

Figura 30 - Brasil - balança comercial (US$ milhões FOB)

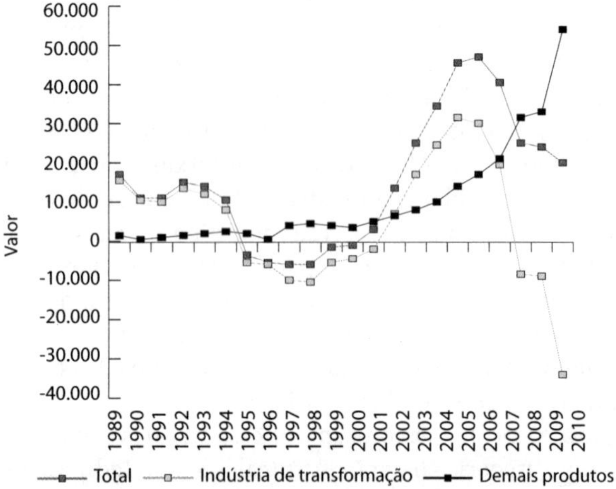

Fonte: Instituto de Estudos para o Desenvolvimento Industrial (www.iedi.gov.br).

Figura 31 - Brasil - produtos da indústria de transformação por intensidade tecnológica, balança comercial (US$ milhões FOB)

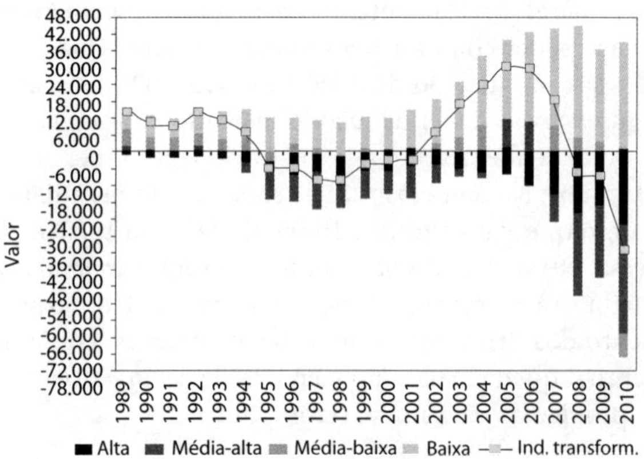

Fonte: Instituto de Estudos para o Desenvolvimento Industrial (www.iedi.gov.br).

Os grandes casos de sucesso de desenvolvimento econômico (EUA, Alemanha, Japão, Sudeste asiático) seguiram a rota da produção manufatureira, e não de *commodities*. A produção de alto valor agregado ocorre em geral no setor manufatureiro ou no setor de serviços sofisticados que depende da produção manufatureira. Preocupa, então, essa dinâmica observada no Brasil de hoje. Para resumir, estamos hoje dependendo dos elevados preços de ferro, soja etc. e dos fluxos financeiros para equilibrar a conta de dólares por aqui. O problema é que esses fluxos de capitais são muito pró-cíclicos. Quando tudo vai bem, sobra dólar por aqui, mas quando precisamos mesmo do dinheiro não fica ninguém.

Em 2010, cinco produtos responderam por quase 50% das exportações brasileiras: ferro, soja, açúcar, petróleo e carnes. O debate sobre o desenvolvimento a partir do setor de *commodities* se arrasta entre economistas há pelo menos uns 60 anos, desde as discussões dos clássicos do desenvolvimento econômico – Furtado, Hirschman, Rosenstein Rodan, Prebisch, Kaldor, Nurkse. Esse debate vem até os dias de hoje e os chamados economistas da linha estruturalista ou cepalina acreditam que o desenvolvimento econômico só é possível a partir do desenvolvimento de uma base industrial forte e parruda. Os empregos de qualidade e que pagam altos salários estão nesse setor. Mas, e os países que se desenvolveram a partir de *commodities* – Austrália, Canadá e Noruega? Estes também desenvolveram uma indústria significante, principalmente ligada à área de extração de *commodities*. Na Noruega, a construção de navios e plataformas para exploração de petróleo. Nórdicos em geral com maquinaria para a cadeia da madeira e assim por diante.

Mas, se olharmos a pauta exportadora, alguns países ricos ainda têm muita intensidade em *commodities*. Por exemplo, a própria Noruega ou, aqui na América Latina, o Chile. Nesses países há uma base de recursos naturais desproporcionalmente maior do que a população. Então é claro que o grosso da produção local vai para o mercado mundial e engorda muito as exportações. Mas os países de sucesso conseguiram fazer isso sem sofrer os males da doença holandesa. De novo, a Noruega é um belíssimo exemplo. Fez um fundo soberano e depositou os dólares do petróleo. Tem hoje o equivalente a 50% do PIB em valor nesse fundo. A figura 32 ajuda a mostrar esse ponto. Apresenta uma correlação entre produção manufatureira *per capita* e PIB *per capita*. São ricos os países que têm alta produção industrial *per capita*. Sem indústria não há desenvolvimento.

Figura 32 - Indústria e desenvolvimento

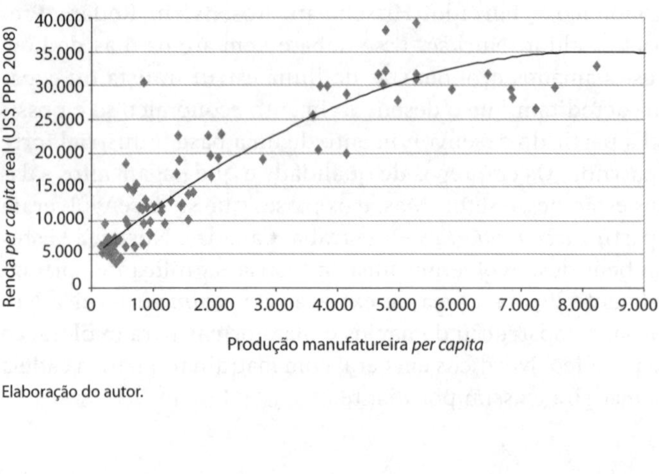

Elaboração do autor.

Macroeconomia estruturalista do desenvolvimento

Mas, afinal de contas, o que fazer para um país se desenvolver? Aumentar a renda *per capita* e tornar-se rico? Nos dias 24 e 25 de maio de 2010, um grupo de economistas de tradição keynesiana e estruturalista, liderado por Luiz Carlos Bresser-Pereira, ex-ministro e professor emérito da Fundação Getulio Vargas, se reuniu em São Paulo para discutir 10 teses de uma estratégia nacional de desenvolvimento capaz de encurtar o caminho para o desenvolvimento econômico <www.tenthesesonnewdevelopmentalism.org>. As teses desenvolvem o argumento apresentado no brilhante livro *Competição e globalização*, publicado por Bresser em 2010.

A reunião faz parte do projeto de governança financeira e desenvolvimento econômico financiado pela Fundação Ford. O projeto tem como pano de fundo o fracasso do consenso de Washington (liberalização, privatização e ajuste fiscal) em promover o desenvolvimento econômico na América Latina e a grande crise financeira de 2008, que mostrou ao mundo os limites e perigos envolvidos na globalização e na desregulamentação financeira. A reunião foi feita na esteira de uma das maiores crises financeiras da história, quando ficou evidente o impacto negativo da abertura de mercados financeiros em diversas economias ao redor do globo.

O grupo do G-20 e países individualmente têm tentado agora construir a devida regulação para os mercados financeiros. A partir desse pano de fundo e das recorrentes crises no mundo emergente nos anos recentes, o objetivo geral do encontro foi avaliar como uma estratégia de desenvolvimento poderia promover crescimento e estabilidade. O objetivo mais específico foi discutir as 10 teses que fundamentam uma macroeconomia estruturalista do desenvolvimento. Depois de dois dias de intensa e rica discussão, os organizadores locais do encontro ficaram responsáveis pela edição e mudança das teses, de modo a refletir o resultado dos debates. A versão final que se segue foi aprovada pelos participantes originais da reunião.

1. O desenvolvimento econômico é um processo estrutural de plena utilização de todos os recursos domésticos, capaz de levar de maneira sustentável a economia à máxima taxa de acumulação de capital e incorporação de progresso técnico. O primeiro objetivo é promover o pleno emprego do trabalho. Esse processo envolve não apenas o aumento da produtividade em cada setor, mas também a contínua transferência de trabalhadores para indústrias que produzem bens e serviços de maior valor agregado e que paguem maiores salários.

2. O mercado é o lugar privilegiado desse processo, mas o Estado tem o papel estratégico de prover o arcabouço institucional que sustenta essa dinâmica. Isso inclui a promoção de estruturas e instituições financeiras capazes de canalizar os recursos domésticos para o desenvolvimento de setores que produzem alto valor agregado. Esse arcabouço institucional deve também incluir medidas que evitem desequilíbrios estruturais e promovam a competitividade internacional.

3. No contexto da globalização, o desenvolvimento econômico requer uma estratégia nacional de desenvolvimento que captura oportunidades globais: economias de escala e fontes múltiplas de aprendizado tecnológico, redução de barreiras à inovação decorrentes de regimes de propriedade intelectual excessivamente rígidos, estabilidade financeira, oportunidades de investimento para investidores privados.

4. Embora o lado da oferta e as políticas industriais estratégicas sejam relevantes para o processo de desenvolvimento econômico, o lado da demanda é que abriga os maiores gargalos para o crescimento. Desde Keynes, reconhece-se que a oferta é incapaz de criar automaticamente sua própria demanda. Entretanto, em países emergentes existem duas tendências adicionais que limitam a demanda e o investimento: a tendência de que os salários aumentem menos que a taxa de crescimento da produtividade, e a tendência de sobrevalorização das taxas de câmbio nominal e real.

5. A tendência para os salários crescerem mais lentamente do que a produtividade se deve à existência de mão de obra abundante e à economia política dos mercados de trabalho. Além de limitar a demanda doméstica e reforçar a concentração de renda, essa tendência também afeta negativamente o crescimento da produtividade no longo prazo. Um piso de salário mínimo, transferências para os pobres e, principalmente, a garantia do governo de assegurar emprego a uma taxa mínima de salário podem ser utilizados para neutralizar essa tendência de subvalorização do trabalho. A alternativa – uma sobrevalorização crônica da moeda doméstica, que aumenta o poder de compra – não é uma estratégia sustentável.

6. A tendência à sobrevalorização cíclica da taxa de câmbio em países em desenvolvimento se deve tanto à dependência da poupança externa na forma de fluxos de capital quanto à "doença holandesa" no contexto de um mercado de capitais excessivamente aberto e sem a apropriada regulação. Essa tendência implica que a taxa de câmbio em países em desenvolvimento não só é volátil, mas também contribui para recorrentes crises monetárias e recorrentes bolhas nos mercados financeiros. Também implica que as oportunidades de investimentos orientados

para exportação são cronicamente insuficientes, pois a sobrevalorização cambial torna até mesmo as mais eficientes empresas domésticas não competitivas num ambiente internacional.

7. A "doença holandesa" pode ser caracterizada como uma permanente sobrevalorização da moeda doméstica devido a rendas ricardianas provenientes da exportação de *commodities* e recursos naturais. A "doença holandesa" impede o florescimento de outras indústrias de bens comercializáveis. Isso porque ela produz um equilíbrio de conta-corrente não compatível com uma taxa de câmbio de equilíbrio industrial. Uma taxa que permitiria às indústrias de bens comercializáveis que utilizam tecnologia de ponta tornarem-se competitivas no mercado global.

8. O desenvolvimento econômico deve ser financiado primordialmente com poupança doméstica. Para tanto é necessário criar instituições financeiras públicas que garantam a utilização de recursos domésticos, especialmente trabalho. A tentativa de utilização de poupança externa via déficits em conta-corrente geralmente não aumenta a taxa de investimento (como defendido pela visão neoclássica) e aumenta o endividamento, reforçando a instabilidade financeira. Estratégias de crescimento baseadas em poupança externa causam fragilidade financeira, deixam os governos na posição de reféns dos mercados financeiros e terminam, em geral, em crises cambiais e de balanço de pagamentos.

9. Para garantir um arcabouço apropriado para o desenvolvimento econômico, o governo deve assegurar uma relação de longo prazo estável entre a dívida pública e o PIB, e uma taxa real de câmbio que leve em consideração e tente neutralizar os efeitos adversos da "doença holandesa" no setor manufatureiro doméstico.

10. Para atingir o desenvolvimento de longo prazo, a política econômica deve ter o pleno emprego como seu objetivo principal, ao mesmo tempo em que garante estabilidade de preços e financeira.

Essas 10 proposições não pretendem ser uma receita completa para o desenvolvimento econômico; ao contrário, pretendem ser um conjunto de propostas para uma reflexão sobre o complexo processo de desenvolvimento econômico. Essas propostas devem ser ajustadas tendo em vista contextos domésticos produtivos, sociais e políticos específicos.

Leituras recomendadas

1. *Fool's Gold: The Inside Story of J.P. Morgan and How Wall St. Greed Corrupted Its Bold Dream and Created a Financial Catastrophe*, Gillian Tett, 2009, New York, ed. Free Press (como um grupo de jovens do JP Morgan ajudou a construir a pirâmide dos *subprimes*).
2. *The Big Short: Inside the Doomsday Machine*, Michael Lewis, 2010, New York, Ed. W. W. Norton & Company (como um `garage band hedge fund` e alguns poucos investidores fizeram milhões de dólares `shorteando` CDOs na crise de 2008).
3. *On the brink: inside the race to stop the collapse of the global financial system*, Henry Paulson, 2010, New York, ed. Business Plus (como o `markets know best`, secretário do Tesouro americano teve que fazer exatamente o oposto do que acreditava durante a crise).
4. *Crisis Economics, a crash course in the future of finance*, Nouriel Roubini e S. Mihm, 2010, New York, ed. Penguin Books (como as crises financeiras se repetem inúmeras vezes na história. Na verdade são cisnes brancos. Ocorrem com muita frequência).
5. *Too Big to Fail: the inside story of how wall street and Washington fought to save the financial system and themselves*, Andrew Ross Sorkin, 2009, London, ed. Viking (como Washington conseguiu segurar o sistema financeiro americano na crise).
6. *House of Cards: A Tale of Hubris and Wretched Excess on Wall Street*, William D. Cohan, 2009, New York, ed. Anchor Books (como a Bear Sterns & Co caiu).

7. *The murder of Lehman Brothers: an insider´s look at the global meltdown*, Joseph Tibman, 2009, New York, ed. Brick Tower Press (como a Lehman Brothers caiu).

8. *The Black Swan: the impact of the highly improbable*, N. N. Taleb, 2007, New York, Random House (o improvável é muito provável).

9. *Competição e Globalização: por que alguns países emergentes têm sucesso e outros não?*, Luiz Carlos Bresser-Pereira, 2009, São Paulo, ed. Elsevier (para entender o processo de globalização).

10. *Boombustology, spotting financial bubbles before they burst*, Vikram Mansharamani, 2011, New Jersey, ed. John Wiley & Sons (para detectar as bolhas financeiras).

11. *The misbehaviour of markets, a fractal view of risk, ruin & reward*, B. Mandelbrot e R. Hudson, 2004, Boston, ed. Basic Books (sobre o mundo financeiro não gaussiano).

12. *Keynes and the markets*, J. Walsh, 2008, New Jersey, ed. John Wiley & Sons (para saber como Keynes ficou rico).

13. *The return of the master*, R. Skidelsky, 2009, New York, ed. Public Affairs (para saber o que Keynes pensava).

14. *Too sensational: on the choice of exchange rate regimes*, W. M. Corden, 2002, Cambridge Massachusetts, ed. MIT Press (sobre as crises cambiais que nunca acabam).

15. *The return of depression economics and the crises of 2008*, P. Krugman, 2009, New York, ed. W. W. Norton & Company (as leituras que Krugman fez da crise de 2009 e do pensamento de Keynes).

16. *Animal Spirits*, de G. Akerlof e R. Shiller, 2009, New Jersey, ed. Princeton University Press (como a psicologia guia a economia).

17. *Chutando a Escada*, Ha-Joon Chang, 2004, São Paulo, ed. Unesp (o desenvolvimento econômico em perspectiva histórica).

18. *Maus Samaritanos*, Ha-Joon Chang, 2008, São Paulo, Ed. Campus (sobre o mito do livre-comércio e a história secreta do capitalismo).

19. *23 things they don´t tell you about capitalism*, Ha-Joon Chang, 2010, Ed. Bloomsbury Press, New York (verdades e mentiras sobre a história do capitalismo).

20. *Manias, Panics and Crashes*, C. Kindleberger e R. Aliber, 2005, New Jersey, ed. John Wiley & Sons (a história das crises financeiras).

Livros publicados pela Coleção FGV de Bolso

(01) *A história na América Latina – ensaio de crítica historiográfica* (2009)
de Jurandir Malerba. 146p.
Série 'História'

(02) *Os Brics e a ordem global* (2009)
de Andrew Hurrell, Neil MacFarlane, Rosemary Foot e Amrita Narlikar. 168p.
Série 'Entenda o Mundo'

(03) *Brasil-Estados Unidos: desencontros e afinidades* (2009)
de Monica Hirst, com ensaio analítico de Andrew Hurrell. 244p.
Série 'Entenda o Mundo'

(04) *Gringo na laje – produção, circulação e consumo da favela turística* (2009)
de Bianca Freire-Medeiros. 164p.
Série 'Turismo'

(05) *Pensando com a sociologia* (2009)
de João Marcelo Ehlert Maia e Luiz Fernando Almeida Pereira. 132p.
Série 'Sociedade & Cultura'

(06) *Políticas culturais no Brasil: dos anos 1930 ao século XXI* (2009)
de Lia Calabre. 144p.
Série 'Sociedade & Cultura'

(07) *Política externa e poder militar no Brasil: universos paralelos* (2009)
de João Paulo Soares Alsina Júnior. 160p.
Série 'Entenda o Mundo'

(08) *A Mundialização* (2009)
de Jean-Pierre Paulet. 164p.
Série 'Sociedade & Economia'

(09) *Geopolítica da África* (2009)
de Philippe Hugon. 172p.
Série 'Entenda o Mundo'

(10) *Pequena introdução à filosofia* (2009)
de Françoise Raffin. 208p.
Série 'Filosofia'

(11) *Indústria cultural – uma introdução* (2010)
de Rodrigo Duarte. 132p.
Série 'Filosofia'

(12) *Antropologia das emoções* (2010)
de Claudia Barcellos Rezende e Maria Claudia Coelho. 136p.
Série 'Sociedade & Cultura'

(13) *O desafio historiográfico* (2010)
de José Carlos Reis. 160p.
Série 'História'

(14) *O que a China quer?* (2010)
de G. John Ikenberry, Jeffrey W. Legro, Rosemary Foot e Shaun Breslin. 132p.
Série 'Entenda o Mundo'

(15) *Os índios na história do Brasil* (2010)
de Maria Regina Celestino de Almeida. 164p.
Série 'História'

(16) *O que é o Ministério Público?* (2010)
de Alzira Alves de Abreu. 124p.
Série 'Sociedade & Cultura'

(17) *Campanha permanente: o Brasil e a reforma do Conselho de Segurança das Nações Unidas* (2010)
de João Augusto Costa Vargas. 132p.
Série 'Sociedade & Cultura'

(18) *Ensino de história e consciência histórica: implicações didáticas de uma discussão contemporânea* (2011)
de Luis Fernando Cerri. 138p.
Série 'História'

(19) *Obama e as Américas* (2011)
de Abraham Lowenthal, Laurence Whitehead e Theodore Piccone. 210p.
Série 'Entenda o Mundo'

Ordem dos Economistas do Brasil

Cultura e Utilidade Pública

A Ordem dos Economistas do Brasil (OEB) é um patrimônio cultural dos economistas e da sociedade brasileira. Sua motivação última é o desenvolvimento econômico e social do nosso país, que lhe valeu o reconhecimento de utilidade pública estadual e municipal pelos inúmeros serviços que vem prestando ao longo dos últimos anos.

Entidade cultural que é, tem multiplicado ações para atualização do conhecimento econômico em cursos, palestras, edições de livros, consultoria em planejamento, apoio às faculdades de Economia, com exposições e visitas que levem à motivação dos estudantes e instituições.

O seu portal www.oeb.org.br disponibiliza artigos, agenda cultural, suas edições, notícias sobre oportunidades profissionais, dicionários de finanças e de economia, atividades da sua diretoria, produtos-brindes, além de resultados de pesquisas mensais. Seus associados recebem semanalmente boletim que traz questões atuais e de interesse para os economistas. Sua sede tem instalações que hoje podem orgulhar os economistas de todo o país, que com ela mantêm estreito contato. Continua também a oferecer dentro de sua programação de cursos aqueles de pós-graduação, devidamente credenciados pelas instâncias superiores do ensino.

Todos os anos, no mês de agosto, a OEB comemora o dia do Economista. Por ocasião da data, a OEB realiza seminários – nacionais e internacionais –, promove a festa do "Economista do Ano", homenageando profissionais de vários segmentos da economia brasileira.

Prof. Dr. Manuel Enriquez Garcia
Presidente

Este livro foi impresso nas oficinas gráficas da Editora Vozes Ltda.,
Rua Frei Luís, 100 – Petrópolis, RJ,